图书在版编目（CIP）数据

生态文明导向的沿海灌区水价优化研究／辛宝贵，
侯贵生著．—北京：经济科学出版社，2016.6
ISBN 978 – 7 – 5141 – 7030 – 6

Ⅰ．①生…　Ⅱ．①辛…②侯…　Ⅲ．①沿海 – 灌区 –
水价 – 研究 – 中国　Ⅳ．①F426.9

中国版本图书馆 CIP 数据核字（2016）第 141929 号

责任编辑：段　　钢
责任校对：刘　　昕
责任印制：邱　　天

生态文明导向的沿海灌区水价优化研究

辛宝贵　　侯贵生　著

经济科学出版社出版、发行　新华书店经销

社址：北京市海淀区阜成路甲 28 号　邮编：100142

总编部电话：010 – 88191217　发行部电话：010 – 88191522

网址：www.esp.com.cn

电子邮箱：esp@ esp.com.cn

天猫网店：经济科学出版社旗舰店

网址：http://jjkxcbs.tmall.com

北京万友印刷有限公司印装

710 × 1000　16 开　14 印张　210000 字

2016 年 8 月第 1 版　2016 年 8 月第 1 次印刷

ISBN 978 – 7 – 5141 – 7030 – 6　定价：48.00 元

（图书出现印装问题，本社负责调换。电话：010 – 88191502）

（版权所有　侵权必究　举报电话：010 – 88191586

电子邮箱：dbts@ esp.com.cn）

前　言

　　生态文明是强调生态效益、社会效益和经济效益的协调统一与可持续发展。在沿海灌区,以生态文明为导向优化水价,促进生态效益、社会效益和经济效益的协调发展,有利于激励利益相关者节水、治污和开源,有利于合理配置水资源、提高用水效率,有利于实现生态、社会和经济三大效益协调统一的总用水效益最优,有利于促进沿海灌区生态环境和经济社会的协调发展,是应对水危机的一项重要措施,也是我国当前的一个重要研究课题。

　　本专著主要从以下三个方面开展研究:

　　(1)研究生态文明导向的沿海灌区水价优化模型建模及其解法。

　　将生态文明导向的沿海灌区水价优化问题归结为的一个三层次多目标规划问题,即实现生态效益、社会效益和经济效益三个层次顺次实现优化,构建多目标三层次优化模型,并运用模糊数学理论给出了此模型基于整体满意度最优的解法。并以垦利灌区为研究对象,处理实际数据,求得其水价优化方案,以便于指导垦利灌区以及其他沿海灌区生态文明导向的水价改革。

　　(2)研究沿海灌区水价动态博弈演化的复杂性。

三个供水寡头的水价博弈演化非常复杂，表现出余二维分析现象和混沌现象。因而，在研究动态的水价博弈演化与优化问题会显得难度较大，需要根据实际情况进一步简化模型。

（3）研究基于生态响应的灌区间水价动态演化的协调同步问题。

首先构建了一个考虑生态响应的离散水价动态演化模型，并设计了一个基于线性状态误差控制的投影同步方案，实现了两个水价动态演化系统的协调同步。

本专著的研究一直受数据准确性、情景完备性和模型可靠性、政策建议针对性和有效性等问题的多重困扰。因而，模型的构建、求解与应用需要多次循环进行，不断反馈、完善和提高，更好地服务于社会经济实践。

作者

2016 年 4 月

目　　录

第1章 绪 论

1.1　研究意义

随着工业文明的不断推进，我国经济、社会持续快速发展，取得了一系列举世瞩目的成就，但是在这个过程中各种自然资源也付出了代价。水资源作为社会经济发展的重要支柱，在过度掠夺式开发过程中显得越来越短缺。农业用水在总用水中占比约 2/3，其中沿海 11 省市（区）陆地面积 12768 万公顷，海岸线长 18000 余公里，虽然这些地区大多经济发展迅速，但应玉飞（1999）认为沿海灌区的水供需矛盾突出，水价系统构成不合理。[1]我国沿海灌区现有水价体系既不能充分反映水资源的稀缺性和环境治理成本，也不能推进灌区经济发展。所以我们需要根据灌区不同水源供水组合的成本构成和价格形成之间的差异，以生态文明为导向重新优化水价体系。

1.1.1　激励利益相关者节水、治污和开源

我国沿海灌区水价偏低且水资源供应成本差距较大，用水者不注重节水，水价设定机制中没有考虑水资源的环境成本，水资源开发供应商由于灌区水行业的低利润甚至亏损减少对水资源开发和利用的投资。自水资源进入商品化的阶段，我国沿海灌溉水价也在不断地调整，水资源供应成本也在不断提高，但是两者之间的差异越来越大，水价偏低既会降低用水者的节水意识，也会影响供水企业开源、供水的积极性。优化沿海灌区的水价体系，调整沿海灌区水价更加接近水资源开发和供应的边际成本，使用水者更加注重节约用水，国家管制部门更好地将水价中生态环境成本应用于治污，水资源开发和供应公司更加积极地开源。

1.1.2 合理配置水资源、提高用水效率

长期以来，我国农业灌区存在用水量占总用水量比重高和用水效率低这两个特点。一方面水价作为水资源配置的杠杆，合理的水价能够更加客观、准确地反映水资源开发和供应的成本，面对水资源稀缺的社会现实，使水资源流向利用率更高的地方或者用户，进而合理配置水资源。另一方面，将灌区水价与水资源的利用率结合起来，通过优化水价，改善水资源定价机制可以增强对灌区水资源的管理，提高灌区水资源的利用率。

1.1.3 实现生态、社会和经济三大效益协调统一

采用生态文明导向的优化水价可以将灌区生态、社会和经济三方面有机地结合起来，改变以往仅以经济效益定价的机制，将生态环境的治理和维护效益、社会的合理适度用水效益以及经济上的发展和进步效益结合起来，达到总用水效益的最优化。在生态、社会和经济三个方面考虑水资源使用效益时，最后的定价规则和定价结果会差别很大，用水效益较优可能需要以效益作为代价。将三方面结合起来讨论，优化水价达到生态、社会和经济三方面总用水效益最优才是最符合现代社会发展、最有利于生态可持续发展的方法。

1.1.4 促进沿海灌区生态环境和经济社会的协调发展

沿海灌区用水量大，在水资源的开发和利用过程中资源的不断减少加剧了水资源的稀缺程度，伴随着这种开发灌区周围的生态环境也受到了很大冲击，环境不断退化。优化沿海灌区水价，将水资源开发和利用过程中对生态环境的消极影响降到最低，在灌区水价中反映出

水资源消耗与生态环境代价之间的关系，将水价中有关生态环境的成本用于环境的治理和维护。在经济社会不断发展的过程中，加强灌区水资源的循环利用，保持良好的生态环境，促进生态环境与经济社会的协调发展。

1.2 国内外研究现状

1.2.1 生态文明的理论和研究

生态文明作为工业文明的发展和升级，要求人们在享受现代生活时更加注重对环境的保护，更加注重人与自然的和谐相处。20世纪60年代之前，人们还没有真正意识到生态环境对人类生存的意义，没有进行对生态环境文明的研究。1972年，罗马俱乐部在斯德哥尔摩联合国环境大会上发表了以《增长的极限》为题的报告，这篇报告引起了世界上的政界和学术界对生态环境问题的关注，关于生态环境的研究进入人们的视野。在此之后国外学者开始不断进行生态文明方面的研究，如表1-1所示，最初的研究是以"生态现代化"为起点。

表1-1 生态现代化研究汇总

作者	研究结果
Janicke	提出生态现代化概念，给出环境问题"预防性"政策的构想，强调以系统性的生态创新为基础的环境问题研究路径[2]
Hajer	以几个发达国家为案例研究生态现代化的制度安排和制度框架，认为生态环境保护并不仅带来成本也会带来回报，形成了保护环境的经济成本内在化的现代化综合性新政策论[3]
Christoff	认为生态环境保护和社会经济的发展应相互结合、相互促进，将生态环境和经济发展两者有机结合起来提出了生态现代化的弱化强化论[4]
Spaargaren	从社会生活和消费的角度出发，提出了消费观念的生态化，认为生态环境会受到社会生活方式和消费者的消费观念的影响[5]

作者	研究结果
Mol	认为生态现代化需要和现代化的技术、市场经济效率以及政府干预结合起来，创建生态市场，以达到社会、经济和生态共同协调发展[6]
Lundqvist	以瑞典为例，从政府职能的角度分析了生态现代化进程，提出生态现代化制度优化命题[7]
Baker	以欧盟的可持续发展理论为背景，分析了欧盟生态现代化政策的目标、措施与效果[8]
Clifford Cobb	认为实现生态文明的首要任务是人类改变原有的行为和思考方式，改变片面、短浅的思维方式向整体、长远的思维方式转换[9]
John Cobb	提出在工业文明进程中，生态环境遭到破坏，建设生态文明过程中人类应该改变看待自然的态度，树立世界性的生态观念[10]

与西方的生态文明研究相比，我国的研究起步较晚，20 世纪 90 年代我国学者才开始关注生态文明的研究。申曙光（1994）认为取代工业文明引导人们继续发展的文明是生态文明，生态文明是工业文明的发展和继承，能够避免工业文明的弊端，有利于资源的循环利用和社会的可持续发展。[11]白光润（2003）提出生态文明主要体现在人对人与自然关系产生的觉悟的新理念，以及这种新理念产生的人对人与自然关系方面的价值观和行为修养。[12]任恢忠等（2004）指出生态文明是指人类在某一地理区域中，建立起的以物态平衡、生态平衡和心态平衡为基础的高度信息化的新的社会文明形态。[13]廖才茂（2004）提出生态文明不仅仅是一种局部的社会现象，而是一种相对于农业文明、工业文明的社会经济形态，并指出生态文明的基本特征可以从技术体系、产业体系、政府行为与法律制度、生产方式与生活方式等方面来揭示。[14]

李鹏鸪（2006）认为生态文明提倡"认识自然的一员"的价值转变，提倡爱自然就是爱人类本身的观点，提倡保护生态环境是伦理道德的首要准则，提倡自然环境要与经济社会发展统一。[15]马桂新（2007）认为生态文明作为一种新型文明，它以人与自然协调发展作为行为准则，是对工业文明进行反思的结果，是比工业文明更进步、更高级的人类文明形态。生态文明以尊重和维护生态环境为宗旨，以可持续发展为根据，以未来人类继续发展为着眼点，强调自然界是人类生存与发展的基础，强调人与自然环境的共处相融。[16]郇庆治（2013）认为我国的社会主义生态文明远非是一种具有客观确定性的结果，严格意义上的社会主义生态文明既不是一种必然而然意义上的唯一性选择，也不是一种自然而然意义上的唯一性结果，在建设过程中不能过度强调生态文明的社会主义属性。[17]王灿发（2014）认为生态文明既是人类处理人与自然关系过程中取得的积极成果的集合也是一种更加高级的社会形态，生态文明建设过程中需要创新法律保障体系。[18]

1.2.2　生态文明导向的自然资源管理

生态文明的建设和自然资源消耗之间有着密切的联系，近年来越来越多的学者开始重视生态文明导向的自然资源管理问题的研究。张孝德（2008）提出了"金砖"四国在资源与环境约束下，需要建立一种与西方工业文明中"成本外化"模式不同的低耗能、自净化的"成本内化"生态文明模式。[19]廖福霖（2009）认为资源问题、环境问题从生态文明的角度来看可以从资源节约友好的消费观念和绿色消费模式上寻求破解路径，并提出以绿色消费、循环消费和低碳消费指导生态文明下的自然资源消费。[20]成金华（2011）认为搞好自然资源管理是建设生态文明的基本任务，我国要不断实现社会经济发展，资源能源节约以及生态环境保护相协调的发展模式。[21]张彦英、樊笑英（2011）认为生态文明建设应该使资源环境价值的生态价值和生产力价值平衡的同时实现资源高效利用和生态保护能力不断上升。[22]李臻谛、罗勋（2011）认为应以生态文明观念为基础，建立一种科学、系统的自然资源评价体系，在自然资源管理过程中全面考虑经济效益、社会效益和生态效益。[23]生态文明与自然资源管理的研究大约都局限于资源的分配、资源体系评价，以及发展模式中自然资源和经济、社会的和谐，对于生态文明导向的自然资源定价研究较少。

我国很多学者基于生态文明理论，对具体的自然资源管理进行了研究。余达锦（2010）以鄱阳湖流域生态经济区为研究对象，对生态文明建设中的新型生态经济区的发展进行了系统分析，要积极转变生态经济区的资源依赖型产业，增强资源的集约意识。[24]杜宇等（2009）构建了我国生态文明建设评价递进的层次指标体系，并根据定量分析的结果提出了建设节水型社会是解决我国水资源短缺问题的根本出路以及对资源的综合性利用。[25]樊新中（2011）认为应该基于生态文明理念开发和保护水能资源，在水资源开发过程中坚持可持续发展，坚持人与人、人与自然、人与社会和谐共处。[26]杨怡（2011）认为构建生态文明导向下的生态税制是环境政策创新的一个方向，有利于正确处理人与自然之间的关系。[27]

1.2.3 水资源定价研究

由于水资源的稀缺以及世界各地面临水资源危机，如何通过水资源定价机制控制水资源的合理利用，如何通过水价减少水资源的浪费、提高水资源利用率以及实现水资源的循环使用，不断成为国内外学者关注的问题。围绕水价和水资源价值，国内外不少专家学者进行了与水资源定价相关的分析研究，取得了一些可圈可点的成果。资源定价的研究主要围绕三个方面：定价原则、定价方式、定价目标。水资源定价的研究开展较早，但生态文明导向的水价优化研究有待深入。

1. 水资源定价原则

水资源作为一种有限性非专用性的物品，有限性指水资源的量是一定的，每个人的平均量是一定的，一个人使用多则另一个人使用的相对减少，非专用性指水资源不为某个体或者团体所拥有，每个人平等拥有水资源使用权。所以水价要促进水资源循环有效的利用，体现水资源的稀缺性、有限性、非专用型，需要遵循一定的定价原则。徐晓鹏（2003）提出水资源定价的原则主要包括公平性原则、效率性原则、生态平衡原则，以保证水资源的循环利用和效率最大。[28]王旗（2005）提出制定合理的水价需要遵循可持续发展原则、成本分摊原则、共享原则，充分考虑水资源的成本和用户的承受能力。[29]

（1）可持续发展原则。

水资源定价的可持续发展原则有两个方面的含义：一是指水资源价格必须能够保证水资源的持续开发和利用；二是指水资源价格充分考虑水资源自身的可持续发展。虽然水资源是可再生资源，但从某种意义上来说水资源是有限的，水资源所在的整个自然的环境是不可再生的。水价设定不合理，开发和供应企业不能持续开发水资源，水资源过度浪费，资源本身难以实现循环可持续，因此制定水价的过程中要遵循可持续发展原则。沈大军（1999）认为可持续发展的水价中应包含水资源开发利用的外部成本，如在水价中包含排污费以及污水处理费用。[30]陈小林（2010）认为在水资源有限的情况下，水资源需要反映水使用权上的外部性，随着时间的推移，水的价值不断增加，水的使用权的价值也不断增加，水使用权代代相传的过程中控制水的外部性，保证水不断循环。[31]

（2）高效配置原则。

水资源定价的高效配置原则指水资源价格必须使水资源和水环境实现最佳的经济效益、社会效益和生态效益。水资源的稀缺性要求水资源的配置必须十分高效，此原则下的水价可以适度控制水资源不断稀缺的现状，改善水资源稀缺和利用率低的矛盾现象。水价是水资源高效配置最有效的杠杆，只有当水价能够真实反映水资源开发和生产的成本以及相关企业的利润时，水行业效率才能有效提高，水行业的效率才能有效保证。高效配置情况下的水价能够使水资源仅在水市场调节的情况下流向价值更高的使用地区或者使用者。司训练等（2006）提出水价需要体现水的稀缺性以满足多目标的用水。[32]Tsur

和 Dinar（1995）认为水价制定机制不一定会有效分配收入，但是可以更加有效地将增加部门或者群众利用水资源的利用水资源的机会，有利于水资源的高效使用。[33]

（3）成本回收和合理利润原则。

水资源定价的成本回收原则是指相关供水企业不仅具有清偿债务的能力，而且有能力创造合理利润，保证投资资金的回收，维持企业的运营和不断发展，以促进不断有资金投入水资源开发和生产中。成本回收和合理利润原则主要是从水资源开发和供应相关企业的角度来讨论水资源定价，水资源开发过程中需要勘探地质、水土保持、水资源保护，供应过程中需要企业不断投入劳动、资金等，所以在水价制定过程中需要充分考虑这些成本的回收。水价制定过程中考虑成本回收和合理利润原则有利于供水企业的持续发展，合理利润可以保证供水企业获得资金以维持水资源的再生产和扩大再生产，水价的合理程度在很大程度上影响供水企业的发展以及整个供水市场的高效运转。刘成刚（2005）认为水价不仅要为增加供给或者利润服务，也需将水资源的损失考虑在内。[34]Raftelis（1998）认为较低的水价会给企业带来影响，提出水价应该对企业开发和生产水资源的成本进行有效的补偿，促进企业技术创新。[35]

（4）公平和平等原则。

水资源定价的公平和平等原则是指每个人对赖以生存和发展的水资源都具有同等的权利，水价的制定必须充分考虑用户的承受能力，使每个人都有能力承担和支付必需水的费用。根据水价制定的公平和平等原则，水价既要体现国家产业经济政策，又要考虑不同行业、不同地区、城乡之间的差别。水价应该根据实际情况，因地、因时、因人、因量、因质而异，在公平、平等的基础上进行差别化定价。不同水户水价承受能力不同，对于基本的生存和生活用水构建绝大部分用水者都有能力承担的差别化水价，才能体现水资源对每个用水者的公平性，才能促进水行业的发展。对于用水量较高的企业或人群，水质较高、水资源稀缺程度高，收入较高的人群收取更高的价格能更好地反映水资源的价值和水资源的使用价值。Potter（1994）认为水资源合理定价应该能够促进经济的发展，提高公众的平等和公平。[36]方燕、张鑫竹（2011）在研究阶梯定价模型的过程中提出定价过程要遵守公平、平等的准公共品的定价原则。[37]

2. 水资源定价方式

各国的水价构成随着水价模式的不同而不同，需要结合国家的相关管理体制，对不同的用水对象加以区别。从理论上讲，水价一般是由自然水资源水价、工程水价、环境水价、税金和利润构成的。很多学者研究了水价的构成，例如，王浩等（2003）指出供水成本费用是各国水价构成中唯一都有体现的部分，其他组成部分各个国家有所不同。美国和法国用户水价包含全部五部分，加拿大、英国、澳大利亚和日本都没有收取水资源费，另外，加拿大水价没有包括供水利润、税金及水资源费，英国的用户水价还没有包含供水系统的服务费。[38]张岳等（2006）认为从水资源的商品属性来看，用户水价由供水成本费用、税金、利润、排污服务费和水资源费等五部分组成。[39]我国国内学者关于水价构成的研究主要是对"水价三重构成"的研究，汪恕诚（2001，2006）提出了"水价三重构成理论"，认为水资源价格由资源水价、工程水价和环境水价三部分构成。[40]很多国内学者也在此基础上进一步做了研究，温桂芳（2003）将工程成本范畴的利润和税收加入水价三重构成中。[41]傅涛等（2006）提出了水价四元结构，即城市供水价格包含水资源费、水利工程供水价格、城市供水价格和污水处理费四个方面。[42]吴季松（2001）指出我国的水资源市场是政府管制下的市场，在此基础上对水价的不同构成部分分别进行了主体的界定。[43]

随着对水资源价值、水价构成研究的不断增加，水资源定价方法的研究也不断增加。国内外学者从不同的角度给出了不同的水资源定价方法，如表 1-2 所示，主要有与成本有关的定价方法、影子价格定价方法、供求定价法、CGE 模型定价法、模糊定价法、收益还原法、阶梯定价法、两部制定价法等。与成本定价方法主要包括平均成本定价法、边际成本定价法、完全成本定价法、边际机会成本定价法。

表 1 - 2 　　　和成本有关的定价方法价方法主要研究成果汇总

作者	研究成果
Hotelling	提出了边际成本定价法，并说明了边际成本定价法比平均成本定价法更具有公平性[45]
Hirshleifer	提出较平等成本定价法更加支持边际成本定价法，因为边际成本定价法效率更高[46]
Riordan	提出了多阶段边际成本定价法，并将该方法与典型的平均成本定价法和做比较，认为多阶段边际成本定价法带来的社会总收益更高[47]
Dandy	分析了以平均成本定价法和边际成本定价法为基础的限制性水价定价法，认为限制性水价定价法比一般平均成本定价法带来的社会收益更高[48]
Nieswiadomy	利用边际成本定价法和平均成本定价法研究美国南部和西部地区水资源的定价问题[49]
Teerink	认为定价模型一般基于服务成本、支付能力、机会成本、边际成本和市场需求[50]
Panayotou	利用全成本定价法分析了水资源的价格和均衡产量，并指出水资源对可持续发展的重要作用[51]
Zarnikau	建立了短期边际成本定价模型，并指出这种定价方法比平均成本定价法的效率更高，尤其是短期边际成本随着时间不断改变或者水资源不断稀缺时，这种定价方法的优点更加明显[52]
Kim	研究了边际成本定价，并说明边际成本定价在使社会福利最大化方面比平均成本定价更有优势[53]
Chambouleyron	提出边际成本定价是最有效的定价体制[54]
Mann 和 Sanuders	提出水资源完全成本指的是人们开发利用水资源过程中付出的各种成本之和[55]
Jaber	提出平均成本定价法中平均成本主要由生产成本、利润和税金三部分构成[56]
Feitelson 和 Jonathan	认为平均成本定价法需要依靠大量历史经验，其中利润率取平均利润率或者社会、政府的管理利润率[57]

作者	研究成果
徐晓鹏	提出完全成本定价模型主要包含四个方面的内容：资源水价、工程水价、环境水价和社会机会成本[28]
黄少宵，陈剑熙	根据边际成本理论分析了最优污染控制水平下合理定价[58]
沈大军	提出了平均成本定价法计算过程中，利润率一般取社会平均利润率[30]
姜文来	研究了平均成本定价法，并提出了在平均成本定价法中加入资源税的构思[59]

（1）边际成本定价法[44]。

边际成本定价法，也称为边际贡献定价法，主要以供水企业的可变成本为基础，使用水者的边际收益等于供水企业的边际成本和企业定价的定价方法，目的是使供水企业的收益最大化。

边际成本定价法是在市场自由竞争的情况下由市场决定价格的方法。一方面可以使企业的收益最大化；另一方面可以使用户花费最小化，最终整个水资源市场会达到帕累托最优，即总效用最大化。另外，边际成本定价法可以最有效地节约水资源。但是对于水行业这种垄断行业来说，由于供水企业会更多地关注利润，边际成本会偏离平均成本且一定会低于平均成本，因此，从长期来看供水企业肯定会亏损。

（2）平均成本定价法[60]。

平均成本定价法又称成本核算法，或成本加利润法，主要是以供水企业开发、生产水资源的平均成本为基础，结合花费的时间、运费等成本，保证企业收支平衡水资源定价方法。

与边际成本定价法相比，一方面平均成本定价法下的供水企业收入会上升，即总收入等于总成本，供水企业不再亏损，但这种情况下企业仍然没有利润；另一方面，供水企业的经济效率会降低。在平均成本定价法定价的过程中，供水企业对历史经验和历史数据的依赖程度较高，需要计算不同用户的成本分摊情况，所以这种定价方法会包含个人的主观性较强，很难实现科学性。

（3）完全成本定价法[61]。

完全成本定价法，是指在供水过程的生产成本的基础上加上了水资源本身所具有的价值确定水价的方式。普通的生产成本指水资源开发过程中所投入的人力、物力资源状况，水资源完全成本指开发利用水资源过程中各种成本的总和。

平均成本定价方法和边际成本定价方法都是以水资源生产过程中的成本作为基础，而完全成本定价法具有更高的概括性、全面性和科学性，定价过程中不仅需要考虑水生产过程中的直接成本，也需要把水资源开发和生产的外部性和对环境的影响包含在内。完全成本定价法可以使用户承担生产过程中的外部不经济性，有利于水资源的可持续发展。关于完全成本法中水生产和开发外部性定量分析和用户的承受能力的研究较少，没有系统、科学的方法，仍需要进一步研究。

（4）边际机会成本定价法[28]。

边际机会成本定价法指水资源定的价格应该包括边际生产成本（获取资源的直接费用）、边际使用者成本（使用此种资源的人放弃的净效益）、边际外部成本（资源开发过程中对环境的外部不经济性）三部分。

边际机会成本定价法比之前的定价方法更加全面，开发、生产和使用水资源过程中付出的环境代价以及对他人或者后代人利益的伤害也应该考虑进水价中。但是定量化地计算边际机会成本存在很大困难，且不同地区、不同水质以及不同时间的边际使用者成本和边际外部成本不同，很难在较高层面统筹水价。

除了有关成本的水资源定价方法外，还有很多学者也从其他的角度研究了水资源定价方法，其中包括影子价格定价法、供求定价法、CGE 模型法、模糊定价法、收益还原法以及递增阶梯定价法。辛长爽（2002）认为现在各国采用的水资源定价方法主要有影子价格法、收益还原定价法、服务成本定价法、成本划算定价法等。[62]黄智晖和谷树忠（2002）归纳了水资源定价方法，主要包括成本定价法、影

子定价法、收益还原法、供求定价法、CGE 模型法。[63] 徐晓鹏
（2003）分析了影子价格定价法、成本定价法、CGE 模型定价法、供
求定价法内涵和优缺点。[28] 王旗（2005）根据各个国家和地区的定价
现状，分析了影子价格法、服务成本核算法、市场定价法、成本核算
定价法。[29] 李永香（2008）分析影子价格法、服务成本核算法、市场
定价法以及成本核算定价法，模糊数学定价法以及供求定价法的来
源、应用方式进行了分析。[61]

（1）影子价格定价法[64]。

影子价格法，又称最有计划或计算价格，最初是由荷兰数理经济
学家、计量经济学家简·丁伯根和苏联数学家、经济学家康托罗维
奇，在研究短缺资源优化配置中分别提出来的。影子价格定价法属于
计划定价方法，主要指在其他资源投入不变的情况下，一种资源投入
每增加一单位所带来的追加收益。Ioslovich（2001）提出一个用于城
市、农业和其他用水者的水资源扩展模型，并由此得出水资源的影子
价格。[65] Elnaboulsi（2001）研究了对水资源设定限制的情况下，水
资源影子价格的确定方式，且这种定价方法显示出价格的变化。[66] 傅
春、胡振鹏（1998）通过对区域水资源优化模型代替资源配置模型
的建立和求导，得到水资源影子价格期望值，以江西省某市水资源开
发为实例应用了此模型。[67] 甘泓等（2012）以政府的定价体系为基
础，采用影子价格来评价整个水资源的均衡价格。[68,69]

影子价格定价方法可以对现有的水资源进行最合理的分配，使有
限的水资源在整个市场达到组合最优，充分提高水资源的利用率。影
子价格定价方法是人为给出的计划性的定价方法，此方法下的水价能
够反映水资源的稀缺程度但不能真正反映市场对水资源稀缺程度，更
不能够替代水资源价值。另外，由于水资源运输的不经济性和水资源
市场的垄断性，通过水价调整获取水资源影子价格非常困难。

（2）供求定价方法[63]。

供求定价法由美国 L. D. 詹姆斯和 R. R. 李提出的，主要用以下

公式来定义：

$$Q_2 = Q_1 (\Delta P/P)^E \qquad (1-1)$$

其中，Q_2 为调整后的用水量；Q_1 为调整前的用水量；P_1 为原水价；P_2 为调整后的水资源价格；E 为水资源价格弹性系数。

沈大军（1999）提出采用供求定价方法确定水源价格，认为这种方法确定的价格可以在一定情况下抑制水资源需求。[30] 供求定价法的公式比较简单，所需数据容易获得，可操作性强。供求定价法适应市场经济的大环境，用户容易接受。但是仅通过水资源的量来确定水资源价格过于简单，不能反映水资源价值、水资源的品质、水资源用途、水资源与环境的关系等都与水价息息相关。水资源品质好与差，价格肯定要有所区分；水资源不同用途，所需开发成本不同，所以价格应相应调整；水资源定价也需要考虑污水处理的价格。

（3）CGE 模型定价法。

CGE 模型，又称为一般均衡模型，是一种宏观计算资源价格的方法。CGE 模型定价法是指以市场经济的一般均衡理论为基础，去掉完全竞争的条件加入政府干预情况，研究市场出清时资源的价格的方法。秦长海、甘泓等（2012）建立了简化的一般均衡定价法，构建了水资源生产过程、消费过程、政府行为和外贸交易中的均衡方程。[68]

CGE 模型能有效地模拟宏观经济的运行情况，研究在多种因素影响情况下市场上水资源的价格。这种方法确定的价格能够体现水市场中机制的作用，也能较为准确地给出均衡条件下的水价。但是这种定价方法需要统计各部门大量数据做支持，同时需要对需求弹性系数加以研究。[69]

（4）模糊定价法。

模糊定价法是由我国学者姜文来提出的，以模糊数学模型为基础，研究影响水价的各项因素，对不同因素赋予权重进而计算水价的方法。姜文来（1998）提出了以水资源价值综合评价和水资源价值组成的水资源模糊定价模型，通过北京市水资源为例说明此模型具有实际应用价值。[70]顾圣平等（2002）提出了水资源模糊定价模型，利用模糊综合评价数学方法分析水资源价格向量，将水的用途和效益考虑到水价内。[71]水资源定价模糊模型的构建非常复杂，各项因素的评价和赋权也比较复杂和困难，同时需要结合不同区域具体情况具体分析。目前这种定价方法的应用性较低，但是有很大的可研究性。

（5）收益还原法。

收益还原法又称收益资本化法或收益法，以对未来的收益预期为基础，并以适当的利率加以折现对资源进行定价的方法。收益还原法以经济效益为着眼点，没有考虑水资源开发和利用过程中的生态效益，所以这种方法不利于水资源的保护和可持续发展。

（6）阶梯定价法。

阶梯定价法是一种特殊的非线性定价方式，以边际成本和平均成本为基础可以有两种不同的方式。Taylor（1975）提出以边际成本为基础，递增阶梯定价每个数量段边际成本是一定的，但是不同数量段之间的边际成本是增加的。以平均成本为基础，递增阶梯定价在一个数量段区域内每单位产品的平均成本递减，但是不同数量段的平均成本递增。[72]林家园（2005）提出关于水资源的阶梯定价方法，定义了阶梯定价的相关概念，并分析了阶梯定价这种方式的优劣势。[73]李德生等（2008）认为在阶梯定价模型中加入对水需求弹性的考虑有利于节约水资源，给出了水价与水需求量之间的关系。[74]顾晓红等（2012）提出阶梯式水价的最优定价，系统地分析阶梯式水价的节水效应和收入效应。[75]

以上说明的几种水资源价格定价方法各有其优缺点，或者有理论本身的缺陷，或者难以实际应用，至今还没有一种成熟的水资源定价方法可以较为有效的使用。综合上述定价方法和定价模型研究认为，虽然现有的水资源定价模型及水价格确定方法给水价的研究提供很多新的思路，并在实践中有所应用，但这些方法和模型存在的很多限制和缺点仍需要我们进一步研究和探索。另外，目前国内外学者的研究成果中大多涉及了对经济和社会用水的定价研究，但很少涉及对农业用水以及生态环境用水的研究，人们对生态的不断重视也要求我们需要对这些方面不断进行研究。

3. 水资源定价目标

20 世纪 80 年代以来，随着水资源定价在研究领域热度不断提高，关于水资源定价目标的阐释也越来越多，越来越全面。关于水资源定价的目标的阐述主要包括四个方面：经济效率、成本补偿与利润回馈、社会公平公正和资源管理与保护。

（1）经济效率。

水资源用在不同领域时，其相应的经济效率就是衡量定价结果的重要标准。从市场经济的角度来看，由于水资源具有的稀缺性，在用做不同用途时的水资源的经济产出不同。最优的水价应该能够保证水资源在用作不同用途时的边际收益相等，即一个用户使用一单位水资源的收益和任何一个其他用户使用一单位水的收益相同。

如果把水资源看作可再生的，对水资源进行有效分配就要求我们充分考虑用户的数量和需求，并且在各个用户边际收益相等时，水资源配置效率达到最优。如果把水资源看作不可再生资源，现在对水资源的使用会对他人和未来的后代产生负外部性，所以当所有不同时期的用户使用水资源的边际价值相等时，水资源的配置效率才会达到最优。有效的水资源定价体制，必须使水资源开发和使用成本固定情况下，提高水资源使用的经济效率，使用的总社会价值最大化。

（2）成本补偿与利润回馈。

成本补偿和利润回馈主要是从供水企业的角度来讲的，供水企业在开发和生产水时会产生很多的成本，如勘探、水体保持、设备购买等。水资源价格必须能够保证供水企业的收入能够补偿所付出的成本，这样企业才能生存下来。同时供水企业在市场经济情况下，利润的实现依然特别重要，所以水价也要能够带给供水企业一定的利润回馈,以保证企业的发展。由于供水行业具有垄断性质以及水资源是人类生存的必要物质,各国政府会采用不同的政策对水价进行控制,但是在政府的规制下能够使供水企业依然要保持成本的补偿和合理利润水价,才是较为合适的水价。

(3)社会公平公正。

水资源作为人类日常生活不可缺少的一部分,具有不可替代性和使用上的外部性。水资源的分配涉及不同阶层和不同群体,水价这种手段对水资源进行有效分配必须达到社会公平和公正。

水资源是人们生活不可替代的重要资源,每个公民都有相同的权利获得满足日常生活和健康的水资源。用户的承受能力要求水价必须在合理的、有能力支付的范围内,如我们进行阶梯定价,收入较低的居民在合理利用水范围内支付较低价格,收入较高的居民在合理利用水范围内支付较高价格。通过这样不同群体支付不同的价格或者对不同用水量级别采用不同水价能够很好地使水资源的生产成本在不同群体之间进行再分配。由于水资源存在使用上的外部性,若是一个人使用了这部分水,那么其他人或者后代人就不能使用这部分水,得到这部分水的效用。对水资源进行定价可以使使用者对水资源使用上的外部性支付成本,以达到社会的公平和公正。

(4)资源管理与保护。

水资源作为商品进入市场后,市场经济运行过程中对水资源进行定价是经济规律的必然,也是对水资源进行有效管理和保护的保证。水资源定价可以有效抑制用户浪费水资源和过度消费水资源的行为。在不对水资源定价的情况下,大多数用户没有节水意识,会产生很多浪费水的行为,并且不会为浪费行为付出成本;而对水资源定价收取一定的水费时,在用户过度使用或者浪费水时需要付出更多的水费,这样就可以增加浪费水的成本,进而有效抑制浪费水的行为。

1.2.4　灌区水价研究

农业灌区对水资源的需求量大，灌区用水价格的制定也越来越受到世界各国的关注。但是由于世界各国供水行业的不同，以及各国政治、经济、制度等方面的差异，理论上对于如何最优地进行灌区水价定价在经济学家之间尚未达成一致；在现实实践过程中水价是最普遍的、应用最广泛的水资源配置方式，但如何进行科学的定价仍需要进一步研究。一般情况下，我们认为边际成本定价法是灌区水资源的最优定价方法，由于灌区水资源的外部性、规模性等特点，我们还需要结合公平原则或者用户承受能力进行定价。

1. 国外灌区水价研究

灌区的用水者主要是农民，他们的收入不高，对水价的承受能力较低，所以世界各国的灌区水价普遍较低。国外关于灌区水价的研究主要可以从以下五个方面来分析：灌区水价制定的理论与方法、灌区水价的确定模式、灌区水价的实施方式、灌区用水需求价格弹性和灌区水价政策及影响。

（1）灌区水价制定的理论与方法。

20 世纪 70 年代很多西方国家开始研究资源的定价问题，根据我们前面提出的水资源定价原则，灌区水价也应该在对水以及资源高效配置的基础上，使灌区水资源可持续发展以及在社会范围内达到公平、平等，使灌区供水企业成本回收并获得合理利润。Abu Zeid（2001）等提出用户在用水过程中更关注的是水价是否可接受，服务是否满意，水价政策的制定要与用户的承受能力以及灌区提供的供水服务结合起来。[76]

水价制定我们比较常用的是和成本有关的定价，如机会成本定价法或者边际成本定价法。Johansson 等（2002）提出边际成本定价是灌区水资源最优的定价方法，但是由于灌区水的公共物品特性、使用上外部性、开发和使用的规模性等特点，边际成本定价法并不一定完全适用，因此，定价过程中多采用次优的方法，结合社会公平等原则以及用户的承受能力等方面进行定价。[77] Latinopoulos 等（2003）提出了灌区用水是农业生产的派生需求，不同于一般的生活用水或者景观用水的使用，灌区用水定价的经济理论基础是生产者利润最大化，而一般性用水的理论基础的消费者福利最大化，进而他认为对灌区水进行定价过程中要区分直接定价方法和间接定价方法。[78]

（2）灌区水价的确定模式。

由于各个国家的政治、经济、制度均有所不同，同时各国的水资源分布、储量等客观因素也有差异，因此各国的灌区水价确定模式也有很大的区别，如表1-3所示。[79]

表1-3　　　　　世界：主要国家的灌区水价确定模式

国　　家	灌区水价确定模式
美国	服务成本＋用户承受能力
加拿大	政府补贴的政策性低水价
法国	全成本＋用户承受能力
英国、澳大利亚	用户承受能力
印度、菲律宾、泰国、印度尼西亚等	用户承受能力

由表1-3可以看出，在各国的灌区水价确定模式中必不可少的是对用户承受能力方面的考虑。因为灌区水资源的用户主要为农户，一般农户的承受能力比较低，所以各国制定的灌区水价也普遍较低。

同时，一方面灌区水资源的生产和开发过程涉及大量基础设施的投入，成本较高，仅靠农户的支付的水费很难保证灌区水的长期、循环使用；另一方面农业是一个国家的基础性产业，灌区水价过高会影响本国农产品在国际上的竞争力，所以各国政府一般会对灌区水提供一定的补贴，如表1-4所示。

表1-4   世界主要国家对灌区水价补贴项目和补贴比例

国　　家	灌区水价补贴项目	补贴比例
欧洲各国	灌溉费用	40%
加拿大	工程投资	50%以上
日本	工程投资和维护管理费用	40%~50%
印度	大型工程补贴年费	80%
秘鲁	大型灌溉工程的全部工程费用	全部
坦桑尼亚	工程投资和运行管理费	全部
澳大利亚和马来西亚	工程投资	全部
澳大利亚和马来西亚	运行费用	大部分
巴基斯坦	工程投资	大部分

由表1-4我们可以看到各国对灌区水价不同项目的补贴力度很高，工程投资和维护、管理费用主要是靠政府的补贴。灌区水价的确定模式根据各个国家的国情同而不同，Dinar（2000）提出了灌区水价不仅是一个经济学问题，不能仅从市场的角度进行分析，我们还要结合各国的不同国情从政治经济学的角度对其进行综合分析。[80]

（3）灌区水价的实施方式。

各国不同的政治、经济、制度以及水资源状况不仅影响了灌区水价的确定模式，同时也影响了灌区水价的实施方式。Johanson 等（2002）提出了灌区水价的实施方式一般分为计量水价和非计量水价。[77] Cornish（2004）总结了世界各国灌区水价的实施模式，认为从世界的层面来看，各个国家灌区水价的实施方式主要分为计量水价和非计量水价。[81] 李晶等（2003）认为除了计量水价和非计量水价外，在水资源稀缺的国家以及农业在经济发展中占比较高的国家中，还存在一些其他的方式。

根据表1-5，西班牙所实施两部制水价除了以用水量决定的计量水价之外还加入了由灌溉面积决定的固定水价。计量水价可以很有效地控制用水量，促进水资源的有效利用，达到节水用水的目的；另外，以灌溉面积决定的固定水价虽然不能直接反映用水量和价格之间的关系以及供水成本和用水产出之间的关系，但是采用灌溉面决定的固定成本在很多水资源的稀缺的国家有一定的可行性。以色列的累进水价是根据用水的额度来计量水价，这种方法可以有效促进水资源的有效配置，这种方式下的水价能更有效地反映出灌区水资源的稀缺性。此外，灌区水价的实施方式还会受到其他很多因素的影响，如Tsur 和 Dinar（1995）提出了信息不对称和交易成本会影响各国灌区水价实施方式的效率和可行性。[33]

表1-5　　　　　世界主要国家的灌区水价实施方式[82]

国　　家	灌区水价实施方式
西班牙	两部制水价：计量水价 + 灌溉面积决定的固定水价
以色列	供水成本水价 + 累进水价
法国和巴西	以供水机构的变化而变化
印度和巴基斯坦	以灌溉方式变化而变化

还有很多学者对灌区水价的实施提出了别的思路，如 Perry（2001）提出部分国家根据水资源的外部性和水资源交易成本等因素采用了市场定价的方法，水市场有正规和非正规两种，这种方法可以有效促进用户节水。[83]Colby（1993）提出了水权和水资源定价是相互促进的关系。[84]Schleyer（1996）也认为水权交易制度可以增加用户对水资源的外部性和使用上的外部性的关注程度，水权交易可以增加水市场的透明度，但交易成本过高会影响水权对水资源的配置作用。[85]

（4）灌区用水需求价格弹性。

灌区用水的需求对水价的影响也是国外学者研究的一个热点，其中国外学者对水资源的需求与水价之间定量关系的研究较多。

Pennacchio（1985）在对水资源价格弹性的研究中提出了价格弹

性是研究水资源价格的一个重要方面，此方面的研究需要大量数据作支撑，且对于不同的需求情况需要确定不同的水资源需求价格弹性。[86]在国外关于水需求价格弹性的研究中，相比对于城市用水的研究农业用水的研究较少，也有部分学者研究城市用水和农业用水需求价格弹性的具体差异。Ward（2001）提出了在发达国家农业灌区用水的需求价格弹性比工业和生活用水的需求价格弹性高，且此价格弹性一般情况下为 -0.5 ~ 1.4，有时甚至会达到 -3.0。[87]

尽管很多学者对灌区用水需求价格弹性进行了研究，证明了水价调整到合适范围可以有效节约水资源，但是很多学者也指出水资源需求价格弹性发挥作用时的限制。Perry（2001）提出了各个国家和地区的自然条件、政治、经济等情况不一样，调整水价的效果还没有得到充分的认识。[83]Moor 和 Carey（1994）提出了农业灌区水资源的需求价格弹性较小，调整水价对灌区水资源的影响并不明显。[88]

（5）灌区水价政策及影响。

灌区水价的制定不仅需要市场的运转作支撑，也需要政府的宏观调控。一方面，从农户的承受能力和农业的基础性作用来看，政府需要实施一定的补贴政策，以保证本国农业产品的竞争力以及灌区水资源的不断供应；另一方面，政府的补贴政策会影响市场运行的效率，影响用户的用水行为。

Ariel Dinar（2000）认为很多灌区水价政策并没有发挥作用，甚至很多缺水国家的政策起了反作用。[80]Berbel（2000）提出部分发展中国家基于不影响居民生活的考虑，灌区用水虽然开发需要大量资金，各国政府依然会在灌区用水和生活用水方面实施补贴性低水价政策。[89]Molle（2002）认为国家对灌区水价采用补贴政策的主要原因是农业是基础性产业，可以控制农产品价格，保证本国农产品在国际市场上的竞争力。[90]根据上述学者的研究，我们可以发现经济上最优的灌区水价定价策略在政治上并不可行，所以水价改革时采取次优定价策略不失为好的方式。除了对灌区水价的制定和实施采用一定的策略外，灌区水费的有效管理也非常重要。

2. 国内灌区水价研究

相比国外灌区水价的研究，我国灌区水价的研究起步较晚，研究重点主要是水价制度评析和农业水价改革、灌区水价改革的总结和建议、灌区用水定价理论和方法以及水价对用户行为的影响。

(1) 水价制度评析和农业水价改革。

我国很多学者从国家、省市或者区域等不同角度对现行水价制度、水价改革政策进行了大量分析，从水价政策的必要性、目标以及应注意的问题等方面提出了存在的问题并给出相应的建议。薛国英(2009)通过对我国水价改革的历程进行总结，分析了我国水价政策实施和改革存在的问题，并针对这些问题提出了政策建议。[91]李远华等(1999)认为我国农业灌区水费管理存在很多问题，应该优化灌区水费管理，提高供水服务水平。[92]廖永松(2004)认为农业水价的改革应该结合农业经济发展和水资源供给情况综合考量，供水成本过高时应该采用相应的补贴措施，以保证农业的生产和农民的收入。[93]王建平等(2011)通过对内蒙古灌区水价的研究，提出了我国灌区水价改革主要面对来自农业水价与其供水成本严重背离、支出补偿渠道不畅通、农业供水末级渠系管理主体缺位和水费收缴困难，实收率较低等挑战。[94]

王冠军(2010)提出了农业水价政策主要受财政、税收、价格和金融等国家政策的影响，主要由机制完善程度和生产者参与的积极程度决定。[95]孙梅英等(2010)提出了国家应该对农业用水实施计收与补贴并举的水价政策，无论地表水还是地下水都制定水价机制，在"三农"补贴中增加水费补贴以便相应减少农民负担，最终改变农业用水效率低下的现状。[96]汪国平(2011)分析了农业水价改革中两个首要利益相关者的策略选择，并提出了农业水价改革要兼顾经济利益与社会利益，调动各利益相关者的积极性。[97]

国内学者通过不同的维度对我国水价制度和农业水价改革进行了深度的剖析，提出了制度实施和水价改革过程中遇到的问题，虽然提出了一定的建议，但是建议的全面性、具体性、合理性以及可行性都需要进一步提高，还需要进一步研究。

（2）灌区水价改革的总结和建议。

近年来，我国各地区根据国家颁布的有关水价改革的政策和文件，结合各地的水资源情况采取了不同的措施进行了水价改革的实践，推进了我国水价改革的进程。各地区水价有关部门进行了大量的调查和研究，得出了很多关于水价改革的文献和报告，总结了经验和教训，并提出了继续改革的建议。

姚玲和陈协清（2003）根据湖北省水利工程农业管理的现状，提出了农业水价改革的必要性，以及在改革过程中要形成科学合理的农业供水价格形成机制，对农业供水和排水分别以不同的方式收费，并对相关部门提出了水价改革立法等意见。[98]张嘉涛和游益华（2003）提出了江苏省水价改革方面供水价格逐步提高、供水管理体制符合市场经济以及水管改革取得较大突破等八个方面的成效，并在此基础上分析了推进和深化水价改革需要研究的主要问题。[99]刘岚（2003）分析了湖南省农业水价改革过程中水价机制不合理、定价原则不合理、计量手段落后、行政干预过多以及水费使用管理不规范的问题，并对推进水价改革提出准确估计农民的可承受能力、制定合理水价、健全水费征收和管理制度、用户参与改革的建议。[100]冯治良（2005）根据甘肃省水价改革的现状和存在的问题分析了水价改革的紧迫性，提出应该加快水价管理法规体系建设、加强成本核算和控制、加强水费使用管理、保持农灌电价稳定、加大田间工程投入力度和提高城市生活水价、工业用水水价、污水处理费征收标准的建议。[101]赵连阁（2006）利用辽宁省典型灌区实地调查数据提出灌区水价提升会减少高需水作物的种植，农户调整种植结构会提高农户收入、降低水费收入，降低农业就业。[102]杨斌和闫桦（2007）通过总结重庆市农业水价改革的进程，认为不能仅依靠高水价来水资源利用率，应全面分析水资源供给的成本、农民承受能力、农民收入等多方面因素。[103]姜文来和唐曲（2009）认为水资源短缺、收入提高、南水北调工程的即将实现和既定相关政策是北京市水价改革的推动力，提出建立适合中国国情的水价承受能力标准和绿色水价体系的建议。[104]刘伟忠（2010）分析了天津市水价改革存在科学水价机制未形成、合理水价机制未全面建立、供排水企业体制改革未全面开展三方面的问题，提出加快建立科合理的水价机制、加快供排水企业体制改革、完善配套政策、加大水价改革宣传力度的改革建议。[105]

国内学者不仅对省区水价改革进行了深入的研究，灌区水价改革也是水价改革研究的一个重要组成部分。马通宙（2002）针对汾河灌区提出应实施可持续发展战略，合理利用水资源，发挥价格杠杆作用，是水价达到合理水平。[106]郭巧玲等（2006）分析了黑河中游灌区水价现状进而用户水价承受力，提出了试行累进制水价、季节浮动水价的建议。[107]周瑾成（2007）结合景电高扬程灌区水价改革的实践，提出灌区水价改革需要物价、水利等相关部门密切配合建立适合社会主义市场经济的水价。[108]梅宁和安栋（2010）以东雷抽黄灌区为研究对象，提出在水价改革过程中应建立科学的水价形成机制，提高农户节水意识，达到计划用水和节水的目的。[109]宿宝江和张玉宏（2010）通过深度剖析木兰县香磨山灌区水价改革过程，认为水价过低不能达到预期效果，并提出政策水价的初步设想。[110]柴晓霞（2014）针对靖会灌区水价改革过程中存在的问题，提出水价改革应加大水利设施资金投入。建立农业水费补贴机制，加强农业水价管理，推进水管体制改革。[111]

（3）灌区用水定价理论和方法。

我国国内对灌区水价理论和方法的研究较晚，大多是建立在国外学者大量的研究基础之上的进一步研究。

姜文来[59]（1999）、沈大军等[30]（1999）、王浩[38]（1999）等对国内外用水定价的理论和模型进行了总结和评价，提出了现在灌区水价定价的主要的方法和模型有如下：供求定价模型、成本分析法、影子价格模型、CGE 模型以及模糊数学模型等。彭新育和王力（1998）提出对农业灌溉点影子价格的认识，认为以点影子价格作为农业水资源的定价依据可以提高水资源的利用效率，激励对灌溉系统的投入。[112]郑通汉（2003）提出了确定水价的可持续发展模型，此模型的核心内容是水资源承载力、水环境承载力以及供水工程承受力，定价的边界条件是用户承受能力。[113]梁慧稳和王慧敏（2002）提出了最优水价模型，此模型主要利用需求价格弹性，建立供求函数研究灌区的最优水价。[114]张庆华等（2003）认为农民用水者协会在水价核算、成本核算以及水价定价和征收方式等方面具有重要的作用。[115]喻玉清（2005）提出了水价的二部制方法即由基本水价和计量水价共同决定水价，并指出这种农业水价有利于水资源的可持续发展。[116]徐得潜等（2006）提出了动态计算水价的方法，即在准确计算资源水价、工程水价和环境水价三部分的基础上，把年利润、年运行费等方面加入价格制定过程中。[117]

（4）水价对用户行为的影响。

水价作为调节水资源的杠杆，对用户的行为有很大的影响，国内很多学者在这方面也进行了深入的研究。裴源生等（2003）对黄河流域农业用水需求价格弹性进行了研究，提出了水价与灌溉需水量之间有负的相关关系，即在提高水价的情况下黄河地区农业种植过程中需要的灌溉水量会降低。[118]苏永新（2003）针对甘肃地区的大中型灌区，提出了灌区水价与水量之间的关系，并强调了灌区水价过高会降低农作物产量，不利于灌区农业经济的发展；灌区水价过低会引起水资源的浪费。[119]畅明琦和刘俊萍（2005）根据山西省黄河流域各灌区的灌区水价和节水量之间的关系，提出了灌区水价的调整能够有效抑制需求、节约用水。[120]

毛春梅（2005）认为提高农业水价对农业节水有影响，并以黄河流域灌区验证了灌区水价提高，农业用水量下降，农业节水量上升。[121]周春应和章仁俊（2006）利用计量经济学和多元统计分析的方法建立了农业需水价格弹性分析模型，指出农业需水量和水价之间存在明显相关关系，并以高扬程灌区实证分析了农业水价对用水量有抑制作用。[122]姜文来和雷波（2010）提出了农业水价的节水效应具有阶段性，可以分为以下三个阶段：无效或微效节水阶段、有效节水阶段、高效节水阶段，从总体来看水价能够促进农业节水。[123]徐飘和陆迁（2014）针对陕西省泾惠渠灌区的实际情况，提出了灌区农业用水水价提高不仅会减少灌溉用水量，还会通过影响灌溉模式达到节水的效果。[124]

1.2.5　优化理论和方法在水资源定价领域的应用

优化理论和方法在经济管理研究中发挥巨大的作用，指导定价领域不断取得了进步，水资源定价的过程中也采用了很多优化理论和方法。

20世纪80年代有学者将动态规划法应用于水资源定价过程中，开启了优化理论在水资源定价领域的应用，例如，Riordan（1971）以短期边际成本为基础建立了最优水价模型，通过动态规划的方法求解出最优扩大供水能力和它们的充足时间。[47]Dandy等（1985）建立了有约束的优化水价和扩大供水能力的模型，通过动态离散规划求解出在成本最低收益最高时的最优解。[125]基于线性规划法的多阶段、多部门水价研究也取得了一定的进展，例如，Narayanna等（1987）在对以计量成本为基础的季节水价的研究中，采用非整数规划模型计算了最优水价，提出了季节水价实施的必要性。[126]Olmstead等（2007）提出通过非线性结构模型计算水资源的价格弹性，在回归最小二乘法求出的需求函数的基础上进行了分段需求函数的优化，最后提出了最优价格结构。[127]

国内学者关于水资源定价研究过程中也涉及很多优化理论和方法。Dandy（1984）通过在最优水价和扩大供水能力的研究中加入政治上和管理上的其他限制性因素提出了通用模型，此模型主要通过离散型动态规划的方法来进行优化水价设定标准，结合实际案例可以研究有无最优水价和供水能力。[48]张玲玲（2006）构建了由终端水价模型和分水口处水价模型组成的多水源非线性水价模型，并采用遗传算法的求解思路使水价与边际成本之间的偏离最小，通过此模型分析了用水者的需求价格弹性对用水效率的影响。[128]王松林和曹琳（2008）提出了对偶线性规划模型，利用线性规划对偶规划理论计算出灌区用水的影子价格，并将此价格与现实实施价格比较以优化现实实施价格。[129]张嵘和吴静芳（2009）提出将线性支出系统模型应用于阶梯式供水定价，通过拉格朗日化求解出各阶梯最优水价并结合上海阶梯水价实例对模型进行验证。[130]孔珂等（2011）结合胶东调水工程的案例建立了两部制水价长期优化模型，由于模型中计量水费起征点和供水序列和需水序列两方面的约束，模型采用大"M"法和混合证书规划的方法求得两部制水价中的平均单一水价。[131]孔珂等（2011）利用线性需求函数模型、半对数需求函数和对数线性需求函数建立阶梯水价优化模型，提出由生存用水和生产用水构成的2级阶梯水价适合农村现状。[132]司昱和李玉萍（2010）提出建立 Ramsey 模型对我国现行的阶梯水价进行优化，结合边际成本以及价格弹性等参数运用拉格朗日因子法得出人均用水量和阶梯水价之间的关系。在阶梯式水价中运用这个模型参数的选择很重要，准确选择参数是此模型结果具有现实意义的重要保证，同时采用这种定价方法会使贫困用水者的福利受到伤害。[133]徐鹤（2013）中提到利用影子价格法在进行资源定价测算过程中利用对偶最优解法，采用这种方法可以确定自然资源的实际价格。[134]胡欢和戚长青（2014）提出以福利经济学中社会总剩余概念为基础建立非线性模型优化农村终端用水户的水价，采用拉格朗日因子法求解终端水价。[135]

除了线性规划法外，在水资源定价过程中还涉及各利益相关之间的博弈问题，以促进建立环境友好、可持续发展以及满足多方权益的水价。Duvallet 等（2004）提出以 Horn 和 Wolinsky 模型为基础，建立了多方水价以及水质的动态博弈模型，并通过参量化得仿真模型对博弈结果进行了详细分析。[136]周妍（2007）认为水价的形成过程实际上是政府、消费者和企业三方利益目标在博弈中需求均衡的过程，通过求解完美信息动态博弈模型的子博弈完美纳什均衡最终实现定价与以上三方的利益目标的均衡。[137]侯艳红和王慧敏（2008）认为基于供应链理论可以建立基于供水能力约束的南水北调工程供水上与引黄工程供水上联合定价模型，同时结合完全信息动态博弈和不完全信息静态博弈给出最优均衡解。[138]邵念荣（2011）提出了水价的多方博弈模型，认为水价具有保障饮水的经济功能，设计了以饮水安全保障为目标的水价计价模型。[139]钱兴戌（2012）采用一个存在不对称信息的完全信息静态博弈模型，展示并分析了供水公司和政府规制者的成本监审博弈，并通过引入罚款、降低监审成本等对原模型进行改进，最终通过改进的 Baron-Myerson 机制激励供水企业实报成本、优化水价。[140]

除了线性规划法和博弈模型法外，国内外学者也从其他多个角度、采用其他优化方法或理论研究了水资源定价。Manning 和 Gallagher（1982）在定价政策中加入时间偏好，求导出最优价格的最优离散近似值。[141]蔡守华等（2000）提出水厂仅按照自身利润最大化确定水价的情况，在供水需求函数的基础上建立了最优水价模型，依据求偏导和极值的思路得出最优水价。这种方法比较简单，假设需求函数为线性以及仅按照水厂的利润来确定水价与现实情况不符。[142]梁慧稳和王慧敏（2001）提出了 SIDD 最优水价模型，以经济自立灌区的最大利润为目标结合供水需求函数给出合理的水价。[114]陈小林（2010）建立了一个水资源定价优化模型，并通过拉格朗日方程得出了理论水价，提出我国应尝试用拍卖水资源使用权的方法解决水资源短缺问题。[143]郭鹏等（2012）构建基于 DHGF 算法的水资源定价模型，通过层次分析法和模糊评判法结合西安水价的实例算出理论最优水价，提出现实水价仍然需要调整。[144]柴华奇等（2010）提出建立一元线性隶属函数，运用模糊数学综合分析法得出优化理论价格，并由此分析了天津市水价和水结构现状。[145]郑德风等（2014）提出基于水资源耦合价值的绿色水价模型，结合可变模糊综合评价方法优化了定价方法，促进了水资源可持续利用。[146]

国内外学者关于生态文明导向的沿海灌区水资源定价问题研究较少，此领域的优化问题是典型的多水源多利益主体的博弈优化问题，需要各个学者进一步深入。

1.3 研究思路与结构安排

本书的主要研究思路与结构安排如图 1-1 所示，本书旨在揭示水价动态优化与演化及其同步协调的复杂性：（1）优化方面，主要研究一个生态文明导向的沿海灌区水价优化模型；（2）演化方面，主要研究沿海灌区水价博弈的动态演化模型及其复杂性研究和灌区间水价动态演化模型及其协调同步研究。

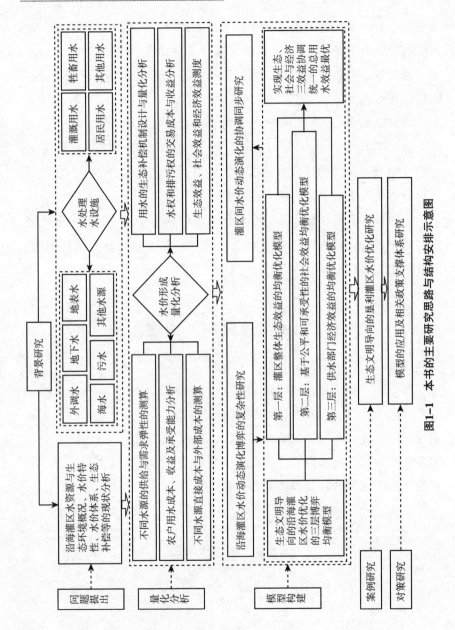

图1-1 本书的主要研究思路与结构安排示意图

1.4　主要研究方法

本书除运用了一些常规的研究方法如文献研究、定性研究等方法以外，还结合本书的特点，选择最合适的方法开展研究。主要运用了以下三个研究方法：

（1）离散动力系统建模与仿真的方法。

① 将沿海灌区水价的演化机理与离散动力系统的基本原理相结合，构建相应数学模型。

② 运用离散动力系统的稳定性理论和分岔理论，对所建模型进行相关的定性分析，抓住其稳定性规律和从失稳到分岔再到混沌的特点，揭示其内在复杂性本质。

③ 运用相图、分岔图、Lyapunov 指数谱图、0～1 混沌检测算法等方法，借助 Matlab 等数值模拟软件进行数值仿真，演示了所研究模型的非线性复杂动力学行为。

④ 运用误差同步反馈控制技术，构建离散动态系统的同步协调方案，并将其用于研究灌区间水价动态演化的同步协调问题的研究，提出同步协调方案。

（2）多目标多层优化建模方法。

本书运用多目标多层优化建模方法，构建了生态文明导向的沿海灌区水价优化模型，兼顾生态效益、社会效益和经济效益，并提出了求解此类多目标三层规划模型的方法。

（3）案例研究的方法。

本书以位于渤海南岸黄河口的垦利灌区的水价优化为研究对象，将生态文明导向的沿海灌区水价多目标多层优化模型进行案例研究，求出最优解，给出经济学解释，提出政策建议。

第2章　沿海灌区水价的形成分析

本章主要是评述沿海灌区水价形成的基本理论与方法，为后面的水价优化的构建提供理论基础。

2.1 沿海灌区水资源的供给和需求弹性测算

2.1.1 供给弹性测算

沿海灌区水资源的供给价格弹性指灌区水资源市场上水价变动所带来的水资源供给量的相对变化，即指供给量的变化率和水价变化率之比，可以用公式表示如下：

$$E_S = (\Delta Q_S / Q_S) / (\Delta P / P) \qquad (2-1)$$

其中，E_D 代表灌区水资源的供给价格弹性，Q_S 代表灌区供给量，P 代表灌区水价，ΔQ_S 代表某一时间段水价变化前后灌区供水变化量，ΔP 代表某一时间段灌区水价变化量。

当 ΔP 极小时，式（2-1）可以表示为：

$$E_S = \lim_{\Delta P \to 0} (\Delta Q_S / Q_S) / (\Delta P / P) = (\mathrm{d}Q_S / \mathrm{d}P) / (Q_S / P) \quad (2-2)$$

式（2-2）进行变换并积分，可得：

$$\int \frac{\mathrm{d}Q_S}{Q_S} = \int E_S \frac{\mathrm{d}P}{P} \qquad (2-3)$$

$$Q_S = kP^{E_S}（k \text{ 为常数}） \qquad (2-4)$$

式（2-4）变换后可得：

$$Q_b = Q_a (P_b / P_a) E_S \qquad (2-5)$$

灌区水资源供给价格弹性的测算分为两种，即点弹性和弧弹性。如果用水需求量是连续的，可以建立需求曲线，则此曲线上某一点的弹性为点弹性。当 ΔQ_S 和 ΔP 不连续时，只能根据水价变化量和供水量变化量计算弧弹性，同时需要指出在实际计算过程中 Q_S 和 P 一般采用中点算法。此时公式可以表示如下：

$$E_S = (\Delta Q_S/(Q_a + Q_b))/(\Delta P/(P_a + P_b)) \qquad (2-6)$$

其中，Q_a 代表测算开始时间灌区水资源供给量，Q_b 测算结束时间灌区水资源供给量，P_a 代表测算开始时灌区水价，P_b 代表测算结束时灌区水价。根据市场的一般规律，灌区水供给量和水价呈正向关系，E_S 一般为正，根据此值可以将灌区水供给价格弹性分为五类：

（1）$E_S = 0$，完全无弹性。不管灌区水价怎样变动，水资源供给量固定不变，即灌区水资源的供给量与水价无关。

（2）$0 < E_S < 1$，缺乏弹性。灌区水价的变动带来水资源供给变化量较小。

（3）$E_S = 1$，单一弹性。不管灌区水价怎样变动，水资源供给变化量不变。

（4）$1 < E_S < \infty$，富有弹性。灌区水价的变动带来的水资源供给变化量较大。

（5）$E_S = \infty$，完全弹性。不管灌区水价怎样变动，水资源供给量会无限变动。

灌区水资源供给价格弹性的一般算法是根据统计到的灌区水价和灌区供水量，使用式（2-6）进行直接计算。

2.1.2 需求弹性测算

沿海灌区水资源的需求价格弹性指灌区水资源市场上水价变动所带来水资源需求量的相对变化，即指需求量的变化率和水价变化率之比，可以用公式表示如下：

$$E_D = (\Delta Q_D/Q_D)/(\Delta P/P) \qquad (2-7)$$

其中，E_D 代表灌区水资源的需求价格弹性，Q_D 代表灌区需水量，P 代表灌区水价，ΔQ_D 代表某一时间段水价变化前后灌区需水变化量，ΔP 代表某一时间段灌区水价变化量。当 ΔP 极小时，式

（2-7）可以表示为：

$$E = \lim_{\Delta P \to 0} (\Delta Q_D/Q_D)/(\Delta P/P) = (\mathrm{d}Q_D/\mathrm{d}P)/(P/Q_D) \quad (2-8)$$

对式（2-8）进行变换并积分，可得：

$$\int \frac{\mathrm{d}Q_D}{Q_D} = \int E_D \frac{\mathrm{d}P}{P} \quad (2-9)$$

$$Q_D = kP^{E_D}（k \text{ 为常数}） \quad (2-10)$$

杜荣浩（2003）关于水资源需求价格弹性的分析中对式（2-10）提出了进一步推导，如下所示：

$$Q_b = Q_a(P_b/P_a)E_D \quad (2-11)$$

其中，Q_a 代表测算开始时间灌区水资源需求量，Q_b 测算结束时间灌区水资源需求量，P_a 代表测算开始时灌区水价，P_b 代表测算结束时灌区水价。灌区水资源需求价格弹性的测算分为两种，即点弹性和弧弹性。如果用水需求量是连续的，可以建立需求曲线，则此曲线上某一点的弹性为点弹性。当 ΔQ_D 和 ΔP 不连续时，只能根据水价变化量和需水量变化量计算弧弹性，同时需要指出在实际计算过程中 Q_D 和 P 一般采用中点算法。此时公式可以表示如下：

$$E_D = (\Delta Q_D/(Q_a + Q_b))/(\Delta P/(P_a + P_b)) \quad (2-12)$$

根据市场的一般规律，灌区水需求量和水价呈反向关系，E 一般为负，研究过程中主要关注 $|E|$ 的大小，根据此值可以将灌区水需求价格弹性分为五类：

（1）$|E_D| = 0$，完全无弹性。不管灌区水价怎样变动，水资源需求量固定不变，也就是说灌区水资源的需求量与水价无关。

（2）$0 < |E_D| < 1$，缺乏弹性。灌区水价的变动带来水需求变化量较小。

（3）$|E_D| = 1$，单一弹性。不管灌区水价怎样变动，水需求变化量不变。

（4）$1 < |E_D| < \infty$，富有弹性。灌区水价的变动带来水需求变化

量较大。

（5）$|E_D| = \infty$，完全弹性。不管灌区水价怎样变动，水资源需求会无限变动。

1. 直接测算法

灌区水资源需求价格弹性的直接测算指根据灌区水价和毛灌溉定额的统计数据依据式（2-12）进行计算，由于水资源需求价格弹性指上水价变动所带来需求量的相对变化，假定计算过程中各年份水价较其他年份水价皆有所变化，如表 2-1 所示。

表 2-1　　　　　　某灌区 1990~1996 年水价和毛灌溉定额

地区	年份	1990	1991	1992	1993	1994	1995	1996
某灌区	水价（元/m³）	P_a	P_c	P_d	P_e	P_f	P_g	P_b
	毛灌溉定额（m³/亩）	Q_a	Q_c	Q_d	Q_e	Q_f	Q_g	Q_b

根据表 2-1 所得数据，可以计算该灌区的水需求价格弹性如表 2-2 所示。

表 2-2　　　　　　某灌区各年份区间水需求价格弹性值

年份	1990~1996	1990~1993	1993~1996
灌区水需求价格弹性值	$\dfrac{(Q_b - Q_a)(P_b + P_a)}{(P_b - P_a)(Q_b + Q_a)}$	$\dfrac{(Q_e - Q_a)(P_e + P_a)}{(P_e - P_a)(Q_e + Q_a)}$	$\dfrac{(Q_b - Q_e)(P_b + P_e)}{(P_b - P_e)(Q_b + Q_e)}$

由表 2-2 可知，采用直接测算法计算某时间段灌区水资源需求价格弹性时，只采用了测算开始时和测算结束时的水价和毛灌溉定额。这种方法比较简单，但是不够科学和精确，忽视了测算时间段内其他数据的影响，所以一般计算过程中会将一个阶段划分成多个阶段分开计算和分析。如果计算出的灌区水资源需求弹性值较大，说明此时间段水价上升可以有效降低水资源需求量，起到节水的作用。反之，则说明此时间段水价上升不会起到节水作用，水资源需求量变化较小。

2. 间接测算法

间接测算法是指采用计量经济学的研究方法，结合灌区水资源需求函数模型，确定水资源需求价格弹性的方法。裴源生于 2003 年指出灌区水资源需求函数模型主要有三种：线性需求函数模型、半对数需求函数模型以及对数线性需求函数模型，一般而言，三种模型的选择主要依据采集到的数据特点来决定。[147] 三种需求函数模型如下：

（1）线性需求函数模型。

$$Q = \beta_0 + \beta_1 P + \sum_{i=1}^{n} \beta_i Y_i + \mu \, (n = 1, 2, \cdots) \qquad (2-13)$$

（2）半对数需求函数模型。

$$\ln Q = \beta_0 + \beta_1 P + \sum_{i=1}^{n} \beta_i Y_i + \mu \, (n = 1, 2, \cdots) \qquad (2-14)$$

（3）对数线性需求函数模型。

$$\ln Q = \beta_0 + \beta_1 \ln P + \sum_{i=1}^{n} \beta_i \ln Y_i + \mu \, (n = 1, 2, \cdots) \qquad (2-15)$$

其中，Q 代表灌区需水量，P 代表灌区水价，Y_i 代表灌区需水量的影响因素，μ 为随机变量，β_1 代表灌区水资源需求价格弹性。影响灌区需水量的因素很多，包括灌区水价、气候（主要指降水量）、灌溉方式，以及种植作物结构节水水平等。为了在测算水需求价格弹性过程中突出灌区水价的作用，首先需要对其他因素进行处理，一些重要的因素可以通过多元回归方法和计量经济学方法消除影响，不重要的因素可以归入随机变量中。另外，数据的选择也可以帮助减少因素对灌区水资源需求价格弹性的影响，如 Q 采用亩均毛灌溉定额。不同的灌区影响需水量的因素不同，在测算灌区水资源需求价格弹性过程中因素的选择要结合实际情况。

例如，根据表 2-1，设定此灌区水资源需求函数模型为对数线性需求函数模型，即式（2-15）。假设影响此灌区需水量的因素为灌区水价 P、降水量 Y_1、灌区作物为旱作物 Y_2，则公式可以写成：

$$\ln Q = \beta_0 + \beta_1 \ln P + \beta_2 Y_2 + \beta_3 Y_3 + \mu \qquad (2-16)$$

用 EViews 或者 SPSS 软件对表 2-1 的数据进行估计，显著性检验通过的因素保留，未通过的从模型中删除，最后得出的 β_1 值即此灌区 1990~1996 年水资源需求价格弹性。

2.2　不同水源直接成本与外部成本的测算

灌区水资源作为商品在市场上流通是因为具有效用的水资源和水利工程的紧密结合，灌区水资源定价和水源成本的测算分不开，灌区水资源成本不仅要体现水资源的自然属性、水利工程的成本，还要体现使用水资源对环境和生态产生的外部成本，以促进水资源的可持续发展。因此，灌区不同水源成本测算主要分为两个方面直接成本和外部成本，直接成本主要指资源成本和工程成本，外部成本主要指环境成本，如表 2-3 所示。

表 2-3　　　　灌区不同水源直接成本和外部成本构成

直接成本		外部成本
资源成本	工程成本	环境成本
天然水资源价格 前期费用补偿 竞争性用水经济补偿 运行管理费	直接工程水价 水源工程水价	水源区水源保护经济补偿 水环境整治工程费用

2.2.1　资源成本测算

资源成本属于非市场调节部分的水资源成本，是灌区水价最重要的核心部分，主要体现水资源非个人所有，在使用过程中需要对灌区水权的所有者支付相应费用，主要包括四个方面：天然水资源价格、前期费用补偿、竞争性用水经济补偿、运行管理费。在资源成本测算的过程中，一般把前期费用补偿和当前运行管理费放在一起计算。

1. 水资源价值 C_{re}

天然水资源价格主要指用户对灌区水权所有者国家支付一定成本，得到相应的水资源使用权，即水资源价值。目前，水资源价值测算方法尚未统一，比较常用的主要有支付意愿法、替代成本法、影子价格法等。

（1）支付意愿法 C_{re}^W。

支付意愿法，也称为经验法，用来估算用户对灌区水资源愿意支付的水价或是对既定灌区水价的支付意愿。在这种计算方法下，用户的支付意愿不是主观臆断的，而是理性的、合理的。可以用公式表示如下：

$$P_T = P_W - C \qquad (2-17)$$

其中，P_T 指估算到的灌区天然水资源价格，即资源价值；P_W 指灌区用户对水资源愿意支付的水价，即对水价的支付意愿；C 指灌区供水的边际成本。

采用这种方法测算资源成本中的水资源价值时，P_W 有两种估算方法：一是调查法，通过向灌区用户发放调查问卷，直接获取灌区用户对水价的支付意愿；二是经验法，通过收集数据，计算支付意愿系数得到灌区用户对水价的支付意愿。范英英于 2005 年给出了利用经验法求解居民支付意愿的方法，根据此方法我们可以推算出采用经验法计算灌区用户对水价的支付意愿公式如下：[148]

$$P_W = (I_W / W_W) \alpha_W \qquad (2-18)$$

其中，P_W 指灌区用户对水资源愿意支付的水价，即对水价的支付意愿（元/m³），I_W 为此灌区用户的平均年收入额（元/人），W_W 指灌区用户人均年用水量（m³/年人），α_W 指灌区用户对水价的支付意愿系数。

灌区供水的边际成本 C 表达式如下：

$$C = \left[I \cdot \frac{(1+i)^n i}{(1+i)^n - 1} + B + X \cdot i \right] / W \qquad (2-19)$$

其中，I 代表灌区供水工程各项目的总投资额（元），B 代表灌区供水系统年运行成本（元），X 代表灌区供水系统运行过程中流动资金占有额（元），W 代表灌区供水系统年供水量（m^3/年），i 代表我国资金的社会折现率，n 代表灌区供水系统维持工作的寿命。根据式（2-15）我们可以看出如果灌区供水系统维持工作的寿命足够长，公式可以表示为：

$$C = \left[(I+X) \cdot i + B \right] / W \qquad (2-20)$$

（2）影子价格法 C_{re}^S。

影子价格法是以边际效用价值理论为基础，当各方面条件达到最优时，灌区水资源最优配置下的边际使用价值。这种方法涉及的数据较多，模型比较复杂，求解影子价格的方法主要有直接求解法和投入产出法等，最常用的是直接求解法。

黄智晖于 2002 年给出了水资源定价方法中影子价格的直接求解主要依据对偶问题的求解，假设原问题的 n 种经济活动水平为 $X = (X_1, X_2, X_3, \cdots, X_n)$，经济活动所需要的 m 种资源供应量为 $b = (b_1, b_2, b_3, \cdots, b_m)$，则 n 种经济活动在最优情况下运行的条件为：[63]

$$\begin{cases} \max S = C_1 X_1 + C_2 X_2 + \cdots + C_n X_n \\ \begin{bmatrix} a_{11} & \cdots & a_{1n} \\ a_{22} & \cdots & a_{2n} \\ \vdots & \ddots & \vdots \\ a_{m1} & \cdots & a_{mn} \end{bmatrix} \begin{bmatrix} X_1 \\ X_2 \\ \cdots \\ X_n \end{bmatrix} \leqslant \begin{bmatrix} b_1 \\ b_2 \\ \cdots \\ b_m \end{bmatrix} \\ X_1, X_2, \cdots, X_n \leqslant 0 \end{cases} \qquad (2-21)$$

其中，C 代表灌区各项资源最优配置的目标函数，a 代表目标函数约束条件系数，当目标函数最优时，对偶矩阵维向量：

$$Y^* = C_B B^{-1} \qquad (2-22)$$

Y^* 即资源向量 b 的影子价格。其中，B 代表原问题的最优解，C_B 代表的是 X_b 的目标函数系数。对于灌区水资源来说，以水资源给此灌区生产和劳务带来的边际贡献为基础，记性微分计算，可以得到此资源的影子价格 P^*，然后用价格系数乘以此价格，就可以得到灌区水资源的实际价格 P。

$$P^* = \mathrm{d}Z/\mathrm{d}Q, P = \alpha P^* \qquad (2-23)$$

其中，Z 代表灌区水资源在此灌区生产中带来的收益，Q 代表灌区水资源的使用量。

2. 前期费用补偿和当前运行管理费 C_q

前期费用补偿和当前运行管理费用主要包含三部分：灌区水资源前期开发等基础性工作投入、当前灌区水资源管理费用和建立保护水资源工程的费用。

灌区水资源前期工作的投入主要包括调查水源、勘探和检测水源以及评价、规划等工作的投入，总的测算时间为 T 年，令第 t 年的投入为 C_t，我国资金社会折现率为 i_t，则灌区水资源前期基础性工作的费用 C_b 公式如下：

$$C_b = \sum_{i=1}^{T} C_t (1 + i_t)^{T-t+1} \qquad (2-24)$$

这部分费用的测算主要是依据入股这些资金不投入灌区水资源前期基础性服务中，而是放到银行或其他金融机构能够获取的收益。第 t 年征收水资源费的水资源量为 W_t，则单位灌区水资源量的年补充费用可以表示如下：

$$P_b = C_b \Big/ \sum_{t=1}^{T} W_t \qquad (2-25)$$

当前灌区水资源运行管理费用 C_c 主要由管理费用和水资源的保护费用组成，管理费用 C_g 主要指人员劳务费用、管理机构费用、水源实时监管费用等，灌区水资源保护费 C_k 主要指建立开发、使用水资源以及涵养、保护水资源等工程的投入，则当前灌区水资源运行管理费用主要表示如下：

$$C_c = C_g + C_k \qquad (2-26)$$

前期费用补偿和当前运行管理费用 C_q 表示如下：

$$C_q = C_b + C_c \qquad (2-27)$$

3. 竞争性用水经济补偿 Cex

水资源的稀缺性决定了竞争性用水的存在，在水资源匮乏的情况下，灌区水资源的使用将会给灌区以外的工业、居民以及农户带来经济损失。因此，灌区竞争性用水经济补偿主要包括三个方面：工业用水的经济损失、居民用水的经济损失、农业用水损失，假设每单位灌区用水给此灌区以外地区带来的工业用水损失额为 β_1、居民用水损失额为 β_2、农业用水损失为 β_3，则灌区每单位用水带来的总损失 β 为：

$$\beta = \beta_1 + \beta_2 + \beta_3 \qquad (2-28)$$

灌区平均用水量为 W，则第 t 年竞争性用水补偿为：

$$Cex = \beta W \qquad (2-29)$$

2.2.2　工程成本测算

工程成本是指供水企业进行水资源的生产工程投入、运行和维护费用、相关单位应缴税金以及应得利润。根据我国水价相关规定，农业供水不考虑利润和税金，所以现在不再测算利润和税金。工程成本 C_E 可以表示为：

$$C_E = C_a + C_b \qquad (2-30)$$

其中，C_a 代表资产折旧费用，C_b 代表运行费用。

1. 资产折旧费用 C_a

资产折旧费用指灌区水资源工程相关资产去掉净残值后的成本，

根据此资产的使用期限可以将此成本分配到各收益过程中，C_a 主要计算方法有平均年限法、年数总和法和工作量法，徐鹤于 2013 年给出了资产折旧费用的主要计算方法。[149]

平均年限法是最简单的计算方法，资产值按照预期的使用时间计算等额折旧，公式如下：

$$C_a = (K - V_s)/n \qquad (2-31)$$

其中，K 代表资产原有价值，V_s 代表预期资产最终净残值，n 为资产预期使用年限。

年数总和法是以资产原值与预期资产最终净残值之间的差值为基础，以当年 t 在内的剩余年数和资产预期使用年限之比为系数，计算资产折旧费用的方法，这种方法有助于快速收回成本。公式如下：

$$C_a = \frac{(n-t)+1}{n(n+1)/2}(K - V_s) \qquad (2-32)$$

工作量法指根据每年的工作量来计算折旧费用。单位工作量的资本折旧费用如下：

$$C_{al} = K(1-k)/L_a, C_{at} = L_t \times C_{al} \qquad (2-33)$$

其中，C_{al} 代表单位工作量的资本折旧费用，L_a 代表预期总的工作量，C_{at} 代表当期资本折旧费用，L_t 代表工作量，k 代表预计净残值率。

2. 运行费用 C_b

运行费用主要包括灌区水资源生产、经营过程中支付的劳务等费用，管理部门所需管理费和劳务费，供水工程的维护费和燃料费，供水工程占地使用权和经营权费用摊分，运行所需流动资金等。

2.2.3 环境成本测算

灌区各水源外部成本主要指环境成本，主要由三方面组成：一是灌区水资源在满足用户需求后，排出的具有污染性的水，对他人用水和环境造成的损失；二是水资源作为稀缺资源，灌区水源占用过多，生态环境用水减少，对环境造成的损失；三是污水排放处理和灌区水环境保护成本。

冯雁敏（2009）提出在计算环境水价时要针对不同的水质采用不同的计算方法，并给出排污水价和水环境保护水价的计算方法。[150]

$$P_d = P_{d1} + P_{d2} \qquad (2-34)$$

其中，P_d 代表单位排污水价，P_{d1} 代表单位排水费用，P_{d2} 代表单位污水处理费用，若排水质量符合排水规定则：

$$P_{d2} = 0 \qquad (2-35)$$

$$P_e = C_d / W_d \qquad (2-36)$$

其中，P_e 代表水资源保护费用，C_d 代表水资源保护治理年费，W_d 代表年排污量。

2.3　农户用水成本、收益及其承受能力分析

农户是灌区水价的承受者，是灌区水资源市场的重要参与者，在研究灌区水价的过程中将农户用水的成本、收益以及承受能力考虑在内有利于合理定价，有利于灌区水资源的可持续发展。

2.3.1　成本和收益分析

1. 农户用水成本

灌区农户用水成本主要和灌区水价的制定规则有关，我国灌区现行的水价主要是由基本水价和计量水价组成的两部制水价，这种计价方法非常具有代表性。这种定价方法不仅能够补偿我国灌区供水工程的成本，也能根据用户的承受能力，在向农户提供一定水资源后再征

收相应的水费。农户用水的成本可以从两部制水价的角度来分析，根据我国相关规定，基本水价按照灌区供水工程的直接工资、管理费用以及 50% 的折旧费、修理费计算，计量水价按照出基本水价以外的水资源费、燃料费、材料费等其他成本核算，农业用水利润和税金不再计入。喻玉清于 2005 年采用这种方法从用户用水的角度分成定额内用水和定额外用水，分别计算了农户的用水成本公式如下:[151]

$$\begin{cases} F_1 = \theta_1 P_1 & (\theta \leqslant \theta^*) \\ F_2 = \theta^* P_1 + (\theta - \theta^*) P_2 & (\theta > \theta^*) \end{cases} \quad (2-37)$$

其中，F_1 表示农户用水量在定额内的水费，θ_1 代表农户在定额内的用水量，P_1 代表基本水价，F_2 代表农户用水量不在定额范围内的水费，θ 代表农户实际用水量，θ^* 代表农户用水定额量，P_2 表示计量水价。

$$P_1 = f_1 / W_{实}, P_2 = f_2 / \overline{W} \quad (2-38)$$

其中，f_1 代表基本水价，f_2 代表计量水价，$W_{实}$ 代表当年实际供水量，$\overline{W}$ 代表多年平均供水量。

在现实的灌区水费操作中，农户的用水成本测算会变得更加复杂，计量水价的制定是根据多年平均供水量，为了保证水资源的可持续利用，可以给多年平均供水量一个系数 λ（$0 < \lambda < 1$），$W_c = \lambda \overline{W}$ 为可持续供水量，将 W_c 区别于每个区间，根据 $W_{实}$ 与 $\overline{W}$、W_c 之间的关系并结合累进制定价法确定用户水费，即农户的用水成本。

当 $0 < W_{实} < W_c$，公式如式（2-38）。

当 $W_c \leqslant W_{实} \leqslant \overline{W}$，公式如下：

$$\begin{cases} F_3 = \theta_1 P_3 & (\theta \leqslant \theta^*) \\ F_4 = \theta^* P_3 + (\theta - \theta^*) P_4 & (\theta > \theta^*) \end{cases} \quad (2-39)$$

其中，F_3 代表实际年供水量大于可持续供水量小于多年平均供水量时农户用水量在定额内的水费，F_4 代表实际年供水量大于可持续供水量小于多年平均供水量时农户用水量不在定额内的水费，P_3 代表成本水价，P_4 代表累进水价。

$$P_3 = f/\bar{W}, P_4 = \omega P_3 \qquad (2-40)$$

其中，$f = f_1 + f_2$ 表示灌区水资源供应的总成本，ω 代表累进水价调整系数，$\omega = \theta/\theta^*$。

当 $\bar{W} < W_实$ 时，公式如下：

$$\begin{cases} F_5 = \theta_1 P_5 & (\theta \leqslant \theta^*) \\ F_6 = \theta^* P_3 + (\theta - \theta^*) P_4 & (\theta > \theta^*) \end{cases} \qquad (2-41)$$

其中，F_5 代表当灌区实际供水量大于多年平均供水量时农户用水量在定额内的水费，F_6 代表当灌区实际供水量大于多年平均供水量时农户用水量不在定额内的水费，P_5 代表鼓励水价。$P_5 = \eta P_3$，η 代表鼓励水价调整系数，$\eta = 1 - (H_1/H_2)$，H_1 表示新增的灌溉面积，H_2 代表总的实际灌溉面积。

2. 农户用水收益

农户收益代表农户净利润，在计算过程中可以用毛收益和成本之差表示，农户的用水收益则可以用未灌溉之前的收益、用水成本，以及灌溉后的收益来表示。

未灌溉前农户收益可以表示为：

$$\pi_1 = \pi_3 - c_1 \qquad (2-42)$$

其中，π_1 代表未灌溉前农户收益，π_3 未灌溉前农户毛收益，c_1 代表灌溉前农户生产成本，主要由种子、化肥、农药、机耕、农税等几个方面组成，农户的生产成本可以根据调查得知。

$$\pi_3 = P_P Y_1 \qquad (2-43)$$

未灌溉前农户毛收益 π_3 可以表示如式（2－43），其中 P_P 代表农作物价格，Y_1 代表未灌溉前的作物产量，数据可以调查得到。

表2－4是一个示意表。

表2－4　　　　　　　　农户生产成本和做物产量示意

作物产量（kg）	农户生产成本（元）					
	农税	种子	化肥	农药	机耕	其他

灌溉后农户收益可以表示为：

$$\pi_2 = \pi_4 - c_2 \tag{2－44}$$

其中，π_2 代表灌溉后农户收益，π_4 灌溉后农户毛收益，c_2 代表灌溉后农户生产成本，主要由种子、化肥、农药、机耕、农税等几个方面组成，不考虑用水成本，可以调查取得数据。

$$\pi_4 = P_P Y_2 \tag{2－45}$$

灌溉后农户毛收益 π_4 可以表示如上，其中 P_P 代表农作物价格，Y_2 代表灌溉后作物产量。$Y_2 = f(Q_1)$ 代表作物产量对水资源需求量的函数，一般为二次函数，Q 为灌溉水量。

用水成本可以表示为：$C_水 = P_水 \cdot Q$，$P_水$ 为灌溉水价。

由上，我们可以将农户用水收益 π 表示如下：

$$\pi = \pi_2 - \pi_1 - C_水 \tag{2－46}$$

2.3.2　农户承受力分析

农户承受能力主要指农户对灌区水价的承受能力，分为心理上的承受能力和经济上的承受能力，农户承受力内的灌区水价应该不影响农户的正常生产和生活。灌区水价主要受到灌区水资源计价方式的影响，当灌区水价按照用水量计算时，水价具有一定的节水功能，农户的主观能动性对用水量、灌溉净收益有很大影响；当灌区水价按照灌溉面积计算时，水价对灌溉水量的影响较小甚至没有影响，灌溉量主要受作物类型等因素影响。

农户承受力定量分析主要有两种方法：一是 CVM 法，这种方法主要计算农户心理上的承受能力；二是比例法，这种方法主要计算农户经济上的承受能力。灌区水价要结合农户经济和心理两方面承受力的考虑，制定出更加科学、有效的水价。

1. CVM 法

CVM 法，全称条件价值评估法又称支付意愿法、假想评价法等，主要以调查问卷的形式评估参与者在经济行为中的支付意愿。调查问卷是 CVM 法的核心内容，一般通过开放式问题到支付卡式问题再到二分式问题的方式得到目标群体的调查情况。

CVM 法中最关键的内容是二分式问题，最常用的是二分式调查问卷。孙宁宁于[152]2009 年给出了二分式调查问卷的具体调查过程。在这种调查问卷中，需要先给被调查者一个初始值 BI_1，即灌区水价，被调查者决定是否能够接受这种水价，对应两种选择 Y 和 N。如果选择 Y 表示被调查者愿意接受 BI_1，则给出另一个高于 BI_1 的水价 BI_2；如果选择 N 表示被调查者不愿意接受 BI_1，则给出另一个低于 BI_1 的水价 BI_3。调查最后的结果有四种：YY，YN，NY，NN。蔡春光于 2007 年提出了分析这种调查结果方法的最大似然概率估计法如下：[153]

$$\ln L(\theta) = \sum_{i=1}^{n} \left[d_i^{YY} \ln \pi^{YY}(BI_{1i}, BI_{2i}) + d_i^{YN} \ln \pi^{YN}(BI_{1i}, BI_{2i}) \right] +$$

$$\sum_{i=1}^{n} \left[d_i^{NY} \ln \pi^{NY}(BI_{1i}, BI_{2i}) + d_i^{NN} \ln \pi^{NN}(BI_{1i}, BI_{2i}) \right]$$

$$(2-47)$$

其中，i 代表第 i 个被调查者，d^{XZ} 反映作答的 0/1 指示参数，当被调查者的调查结果为 XZ 时，d^{XZ} 取值为 1，其他取值为 0。最后被调查者的平均支付意愿如下：

$$E(WTP) = (1/V)\ln(1 + e^A) \tag{2-48}$$

其中，V 代表调查问卷给出的灌区水价的回归系数值，A 代表常数项，通过最大似然法取得。

2. 比例法

比例法主要通过计算农户水费支出在农业生产成本、农业总收入、农业净利润所占比例来衡量农户对灌区水价承受能力，这种方法主要用来评价农户的经济承受力。

农业生产成本、农业总收入和农业净利润可以通过调查获取，各种不同的作物数据差异较大，可以通过加权平均的方式计算。褚琳琳于 2007 年采用比例法计算了水价承受能力。[154] 设农户水费占农业生产成本的比例为 Rc，农户水费占农业总收入的比例为 Ry，农户水费占农业净利润的比例为 Rr，相应的可承受水价表示如下：

$$P_{iR} = A_i X_i / Q_i \tag{2-49}$$

其中，P_{iR} 代表农户可承受的灌区水价，A_i 代表灌区计算所得农业生产成本，农业收入或者农业净利润，X_i 代表相应的 Rc、Ry 或者 Rr，Q_i 代表灌溉水量。

2.4　水权和排污权的交易成本与收益分析

2.4.1　水权交易成本与收益

水权，全称为水资源产权，是一组用水权利的组合，关于水资源产权包含的具体内容没有统一的内容，主要包括所有权、使用权、处置权等一系列权利。在水权交易的概念中，由于水资源为国家所有，因此不将所有权考虑在水权交易内。水权交易主要涉及交易成本和交易收益两部分内容，所以我们需要对这两部分内容进行定量分析。

交易成本的概念最先是由科斯在 20 世纪 40 年代提出，主要从交易成本的角度讨论了资源的配置效率。水权交易成本与水资源市场的效率关系密切，交易成本低，市场上资源配置会更加有效，水资源使用效率会提高。灌区水权交易有可能是农户之间交易，也有可能是农户和工业等其他用水部门之间的交易。沈满洪于 2004 年将水权交易成本划分成七部分，主要内容如表 2 – 5 所示。[155]

表 2 – 5 　　　　　　　　　　水权交易成本分类

水权交易成本 WTC						
搜寻信息成本	讨价还价成本	签订合约成本	水权计量成本	监督对方是否违约成本	对方违约后寻求赔偿的成本	保护水权以防第三者侵入的成本
TC_1	TC_2	TC_3	TC_4	TC_5	TC_6	TC_7

$$WTC = TC_1 + TC_2 + TC_3 + TC_4 + TC_5 + TC_6 + TC_7 \qquad (2-50)$$

从另一个角度来说，水权交易成本是由卖方交易成本 WTC_S 和买方交易成本组成的 WTC_D，即 $WTC = WTC_S + WTC_D$。水权交易的收益 RE，也由卖方交易收益 RE_S 和买方交易收益 RE_D 组成。

水权卖方收益等于卖出水权的收入与水权卖出成本之差，水权卖出成本是水权交易成本以及水权节约成本之和。假设水权交易量为 Q，水权节约成本为 $F_c(Q)$，水权卖出价格为 P_1，则水权卖方收益表示如下：

$$RE_S = P_1 Q - WTC_S - F_c(Q) \qquad (2-51)$$

水权买方收益等于水权买入后的生产收益与水权买入成本之差，水权买入成本包括水权交易成本、水权交易支付、买方扩大用水的成本。假设买方原有水权为 Q_1，买方水权量与生产收益的函数为 $F_R(Q)$，买方扩大用水的成本为用水量的函数 $F_W(Q)$，则水权买方收益表示如下：

$$RE_D = F_R(Q + Q_1) - F_R(Q_1) - P_1 Q - F_W(Q_1) - WTC_D$$

$$(2-52)$$

当 RE_S 和 RE_D 两者其一小于零时，水权交易都不会发生。因为在这种情况下，在这个交易下至少有一方不能获益，没有一方愿意进行一项没有收益的交易。当 RE_S 和 RE_D 都大于零时，水权交易将会发生，双方都能从交易中获益，水资源的配置效率上升，节水效率上升，水资源使用效率也会上升。

2.4.2 排污权交易成本与收益

排污权交易是指利用市场调节的方式，在一定的环境保护目标的前提下，排污权持有者之间进行的排污权有偿交易。排污权交易有政府和持有者之间的交易、政府之间的交易，也有排污权持有者之间的交易，研究灌区排污权交易，我们主要考虑拥有排污权的持有者之间的交易。

排污权交易成本 PTC 一般认为由三部分组成：搜寻排污权交易相关信息成本 PTC_1、协商和签订合约成本 PTC_2、监督与执行成本 PTC_3。PTC_1 主要指排污权买方和卖方搜寻排污权市场供需、排污权价格等信息的成本。PTC_2 主要指排污权交易中各交易方进行讨价还价以及最后签合约的成本。PTC_3 主要指监督排污权交易顺利执行，交易双方是否违约，以及违约处理等成本。

$$PTC = PTC_1 + PTC_2 + PTC_3 \qquad (2-53)$$

根据灌区污染的实际情况，灌区排污权交易主要是非点源排污权交易，主要包括工业点源与农业非点源排污权交易以及农业非点源之间的排污权交易。点源污染是指工业生产或者居民生活的排污，这种排污方式的排污点集中，污染范围较为局限；非点源污染是与点源污染相对而言的，这种排污方式造成的污染范围较大，主要与农业投入品的使用有关。

1. 工业点源与农业非点源排污权交易收益分析

国家政策对工业点源排污权的管制非常严格，相关企业的排污压力很大，排污权市场的存在可以在保证环境得到有效保护的前提下，缓解企业排污权不足问题，增加企业和农户的收益，促进企业和农户的共同发展。

胡宏伟（2013）进行了农业非点源排污权交易分析，给出了排污权交易的计算方式。[156] 假定工业点源与农业非点源排污权交易中每项交易成本为常数 PTC，根据相关政策规定企业 E 的污染排放量 Q_E，企业的边际治理成本为 $C_E(Q)$，根据实际交易情况，企业需要和大量拥有排污权的用户进行交易，第 i 个农户的排污量为 Q_i，农户的边际治理成本为 $C_i(Q)$。企业向用户购买排污权的有效前提是企业的边际治理成本高于农户的边际治理成本，所以我们认为 $C_E(Q) > C_i(Q)$。企业与 n 个农户进行排污权交易的成本如下：

$$X_E = \sum_{i=1}^{n} (P_i q_i + PTC) \qquad (2-54)$$

其中，X_E 代表企业与 n 个农户排污权交易的总成本，P_i 代表第 i 个农户排污权价格，q_i 代表企业与第 i 个农户交易的排污量。我们将企业与农户之间排污权交易量比率看做 1：1，所以企业购买的排污量为 $G_E = \sum_{i=1}^{n} q_i$。企业排污权交易收益 RE_E 表示如下：

$$RE_E = \int_{\lambda=0}^{G_E} C_E(Q_E + \lambda) - X_E \qquad (2-55)$$

农户 i 排污权交易收益 RE_p 表示如下：

$$RE_i = K_i - \int_{\lambda=q_i}^{0} C_i(Q_i - \lambda) \qquad (2-56)$$

其中，K_i 代表农户 i 排污权交易的收入，$K_i = P_i q_i$。

2. 农业非点源之间的排污权交易收益分析

农业非点源之间的排污权交易主要指拥有排污权的农户之间的交易，把农户间的排污权当做商品在市场中流通，有利于在控制排污量的前提下提高灌区经济的发展，促进农业的发展。农业非点源污染主要受农业投入品，如农药、化肥等影响，所以农业非点源排污权交易主要是农户之间农药化肥使用权的交易。

假设政府政策规定每单位土地农药化肥使用量最多为 Q_{max}，农户 i 的每单位土地边际收益是农药化肥使用量的函数 $F_i(Q)$，排污权交易价格为 P_i^*，排污权交易量（农药化肥使用权交易量）为 q_i^*，灌区内有 n 个农户进行排污权交易，每个农户都与其他农户进行一定量的排污权交易，每项排污权交易成本为 PTC，则农户 i 排污权交易的总成本表示如下：

$$S_i = P_i^* q_i^* + (n-1)PTC \qquad (2-57)$$

农户 i 的收益可以表示如下：

$$RE_i^* = \int_{\lambda=0}^{Q_{max}+q_i^*} F_i(\lambda) - S_i \qquad (2-58)$$

需要指出的是，q_i^* 的取值可正可负：如果 q_i^* 为正，则农户 i 为排污权的买方；如果 q_i^* 的取值为负，则农户 i 为排污权的卖方。

2.5 用水的生态补偿机制设计与量化分析

灌区水资源定价是涉及社会、经济、生态等方面的重要问题，定价过程中需要权衡各利益相关方的具体情况。灌区水资源的用户大多为农户，农户对水价的承受力较低，灌区水价的定价相对较低；在公平、合理、可持续等定价原则的约束下，灌区水价也与此灌区或者整个国家的历史、文化等息息相关。当现有的定价机制存在不公平、低效率或者不合理的地方时，利益相关方需要进一步完善现有机制。

目前我国灌区水价偏低，水费收入不足以补偿供水企业的供水成本，水价定价中的补偿机制不完全。姜文来（2003）提出了两种定价机制，在灌区水资源丰富不考虑供需条件的情况下，水价定价机制

如下：[157]

$$P = C_1 + C_2 + C_3 + C_4 \qquad (2-59)$$

其中，P 代表水价，C_1 代表水资源本身的价值，C_2 代表水生产成本，C_3 代表正常利润，C_4 代表污水处理费。如果将水资源时空分布和供需差异考虑在内，水价定价机制如下：

$$P = (A \times K)/Q \qquad (2-60)$$

其中，P 代表承载力水价，A 代表承载力水价计量因素，K 代表系数，Q 代表灌区用水量。这种方法将农户的承载力考虑在内，定价在农户的接受范围内，具有良好的实施性。但是这种方法只考虑农户的承受能力，没有考虑供水企业的成本补偿，郭巧玲等于 2007 年提出了以补偿供水成本为基础的定价机制，公式表示如下：[107]

$$P = P_w + (P_p + P_e)/w \qquad (2-61)$$

其中，P 代表可持续发展水价，P_w 代表资源水价，P_p 代表工程水价，P_e 代表环境水价，w 代表多年平均供水量。

水资源作为农业的必须资源，处于比较缺乏的状态，仅考虑成本和农户承受力不能补偿水资源的生态成本，建立一种促进节水的定价体制更有利于水资源的配置效率。李永根于 2004 年提出了一种提高水资源配置效率的定价机制，把节约用水的因素考虑到水价机制中，公式表示如下：[158]

$$P_J = \min(P_L, P_C), P_L = C + T_L + T_S + T_T \qquad (2-62)$$

其中，P_J 代表节水水价，P_L 代表理论水价，P_C 代表农户承受水价，C 代表节水生产成本，T_L 代表供水生产利润，T_S 代表供水税金，T_T 代表供水调控金。郭巧玲于 2007 年也从节约水资源的角度提出了灌区水资源定价机制，表示如下：[107]

$$P = C/W + Pu$$

其中，P 代表节水水价，C 代表供水企业水资源生产成本，W 代表多年平均供水量，Pu 代表节水水价奖罚项。这种定价方法既考虑了农户承受力、企业供水成本补偿，又考虑了水资源缺乏的现状，体现出水资源定价公平、效率的原则。

农业水资源作为一种资源归国家所有，归农户使用，具有一定的商品属性，水资源定价过程中需要水市场发挥作用，另外，具有一定的社会必须性，水价的制定也需要政府的调节。

随着工业的不断发展，工业用水和居民用水对农业用水的挤占越来越严重，灌区水价补偿机制需要进一步完善。

2.6 用水的经济效益、社会效益和生态效益测度

灌区水资源综合利用需要考虑水资源各种不同的功能以及带来的不同的效益，灌区供水效益可以从用水功能的角度灌区用水分成三类：经济效益、社会效益、生态效益，每种效益的具体分类如表2-6所示。

表2-6　　　　　　　　　　灌区用水效益分类

效益类型	具体效益分类	效益来源
经济效益	农林牧渔业	农业灌溉、商业养殖
社会效益	娱乐服务	休闲旅游、水禽观赏、水上项目娱乐
	文化服务	教育、科研价值、保护文化遗产价值、提供审美享受
	社会服务	增加就业、改善生活环境和质量
生态效益	调节服务	保护生物多样性、改善、净化水质、防洪、防涝、蓄水、固定土地碳含量、气温、湿度调节

灌区用水的经济效益主要指水资源作为种植业、林业、牧渔业的直接资源投入，在灌区生产中发挥的效益。这种经济效益主要通过农业养殖业灌溉、林业林地灌溉、草场灌溉以及渔业鱼塘用水的形式表现出来。用水经济效益的量化计算比较复杂，关全力于2011年根据分摊系数法提出了用水经济效益的计算方法，表达式如下：[159]

$$WTG_1 = P_1\eta_1/Q_1 \tag{2-63}$$

$$\eta_1 = (F_{1W} + FC_{1W})/F_1 \qquad\qquad (2-64)$$

其中，WTG_1 代表灌区农业用水的经济效益，Q_1 代表灌区农业的用水量，P_1 代表农业经济利润，η_1 代表农业用水经济价值分摊系数，F_{1W} 代表农业用水成本，FC_{1W} 代表农业固定资产净值，F_1 代表全要素农业生产成本。

经济效益是灌区用水带来的直接效益，社会效益和生态效益则是间接效益。灌区用水的社会效益主要指水资源利用对整个灌区社会发展、稳定，水资源文化和科研等带来的促进作用，如提高就业水平，提高生活和生产质量，提供科研要素、体检和水文化的美学享受等。灌区用水的生态效益主要从生态环境的角度来衡量，水资源作为灌区生态环境的必要因素，可以起到保护生态和生物多样性、有效保持水土、固定土地碳含量、调节灌区生态湿度和温度、净化水质的作用。关于用水生态效益和社会效益的定量研究较少，没有具体的测度方法，这方面还需要进一步研究。

灌区用水经济、社会和生态效益是息息相关的，在水资源配置过程中要注重三方面利益的有机结合，达到用水效益的最大化、水资源配置的最优化。灌区水资源定价机制决定了水资源配置效率，所以在定价过程中要结合经济效益、社会效益和生态效益，将用户承受力和农业供水企业收益、社会水资源服务质量和生态保护、可持续发展考虑在内。

2.7　本章小结

本章主要梳理了沿海灌区水价形成的相关理论：（1）沿海灌区水资源的供给和需求弹性测算；（2）不同水源直接成本与外部成本的测算；（3）农户用水成本、收益及其承受能力分析；（4）水权和排污权的交易成本与收益分析；（5）用水的生态补偿机制设计与量化分析；（6）用水的经济效益、社会效益和生态效益的测度。

第 3 章 沿海灌区水价动态博弈演化的复杂性分析

虽然水稀缺已经成为当今社会的一个非常重要的问题，正在影响着我们的日常生活与工作[160-162]，但是水稀缺的原因是多方面的，并不完全都是因为自然性地实质稀缺，多数原因是可以控制地相对稀缺，如水效率低下甚至水浪费引发的水稀缺，与低水价相对应的高需求所导致的稀缺。显然，合理的水价可以控制需求和提高水效率并节约用水，进而会缓解甚至彻底解决水稀缺[163-165]。因此，将水价交给供水企业与农户所在的市场去决定，政府辅以正确引导，或许会产生非常好的治理效果。

近年来，大量的学者都运用博弈论的方法去研究经济和管理领域的问题[166-172]。例如，Ji 等[173-175]研究了电力市场博弈问题，Mu 等[176,177]研究了房地产市场的博弈问题，Liu 等[178]研究了金融市场的少数人博弈问题，Gkonis 和 Psaraftis[179]研究了 LNG 博弈问题，Sun 和 Ma[180]的研究了中国冷轧钢市场博弈问题，Sugawara 和 Omori[181]研究了日本航空市场的双寡头博弈问题，Chung 等[182]研究了污染排放许可市场的博弈问题，Ma 和 Zhang[183]研究财产保险市场的博弈问题。

许多文献[184-190]已经报道了博弈模型中存在的分岔和混沌等复杂现象。尽管分析分岔与混沌现象并不是一件很容易的事情，但是近年来已经出现了诸多强有力的方法或者工具帮助我们开展分岔和混沌方面的研究，如 0~1 混沌检测算法[191,192]、MATLAB 的 MatCont 工具箱[193-197]等可以分别用于研究离散或者连续动力系统中的混沌和分岔。

本章主要分析三个供水寡头以价格为决策变量的情形，研究三个水寡头进行价格博弈的演化过程表现出的复杂性：稳定性、分岔和混沌等。并从另一个侧面表明本书建模和求解的复杂性。

3.1　模型构建

假设 3-1：在时期 t 内，供水企业 X、Y 和 Z 分别通过自己供水

水价 $p_1(t)$、$p_2(t)$ 和 $p_3(t)$ 与其他竞争对手展开市场竞争。

假设 3 – 2：在时期 t 内，供水企业 X、Y 和 Z 的供水量分别是：

$$q_1(t) = a - bp_1(t) + d(p_2(t) + p_3(t)),$$
$$q_2(t) = a - bp_2(t) + d(p_1(t) + p_3(t)),$$
$$q_3(t) = a - bp_3(t) + d(p_1(t) + p_2(t))。$$

另外，此沿海灌区水市场中的水供应总量可以表示为：

$$Q(t) = q_1(t) + q_2(t) + q_3(t) = 3a - b(p_1(t) + p_2(t) + p_3(t)) + 2d$$
$(p_1(t) + p_2(t) + p_3(t))。$

其中，p 是产品出清价格，系数 a，b，$d \geqslant 0$。

假设 3 – 3：供水企业 X、Y 和 Z 的生产成本函数分别为：

$$C_1(q_1) = c_1 q_1$$
$$C_2(q_2) = c_2 q_2 \qquad\qquad (3-1)$$
$$C_3(q_3) = c_3 q_3$$

其中，系数 c_1，c_2，$c_3 \geqslant 0$ 分别与供水企业 X、Y 和 Z 技术水平成反比。

因此，上述三个供水寡头企业的利润函数分别为：

$$\prod{}_1 (p_1, p_2, p_3) = q_1(t) p_1(t) - C(q_1(t))$$
$$= (p_1(t) - c_1)(a - bp_1(t) + d(p_2(t) + p_3(t)))$$
$$\prod{}_2 (p_1, p_2, p_3) = q_2(t) p_2(t) - C(q_2(t))$$
$$= (p_2(t) + s_2 - c_2)(a - bp_2(t) + d(p_1(t) + p_3(t)))$$
$$\prod{}_3 (p_1, p_2, p_3) = q_3(t) p_3(t) - C(q_3(t))$$
$$= (p_3(t) + s_3 - c_3)(a - bp_3(t) + d(p_1(t) + p_2(t)))$$

$$(3-2)$$

其中，$s_2 \geqslant 0$ 是政府对污水处理企业的补贴系数，$s_3 \geqslant 0$ 是政府对海水淡化企业的补贴系数。

对 $\prod_1 (p_1, p_2, p_3)$，$\prod_2 (p_1, p_2, p_3)$，$\prod_3 (p_1, p_2, p_3)$ 分别关于 p_1，

p_2，p_3 求偏导数，可以分别得到供水企业 X、Y 和 Z 的边际利润为：

$$\Phi_1(t) = \frac{\partial \prod_1 (p_1, p_2, p_3)}{\partial p_1}$$

$$= a - 2bp_1(t) + d(p_2(t) + p_3(t)) + bc_1$$

$$\Phi_2(t) = \frac{\partial \prod_2 (p_1, p_2, p_3)}{\partial p_2}$$

$$= a - 2bp_2(t) + d(p_1(t) + p_3(t)) + b(c_2 - s_2)$$

$$\Phi_3(t) = \frac{\partial \prod_3 (p_1, p_2, p_3)}{\partial p_3}$$

$$= a - 2bp_3(t) + d(p_1(t) + p_2(t)) + b(c_3 - s_3)$$

$$(3-3)$$

根据式（3-3），我们令 $\Phi_1(t) = 0, \Phi_2(t) = 0, \Phi_3(t) = 0$，可以非常容易地求出式（3-3）的最优水供应价格（反应函数），如下所示：

$$p_1^* = \frac{a + d(p_2 + p_3) + bc_1}{2b}$$

$$p_2^* = \frac{a + d(p_1 + p_3) + b(c_2 - s_2)}{2b}$$

$$p_3^* = \frac{a + d(p_1 + p_2) + b(c_3 - s_3)}{2b}$$

$$(3-4)$$

由于上述三寡头供水市场中每个供水企业的供水价格对整个水市场的供给量都会有非常大的影响，进而会影响它们各自的利润。因而，每个企业在时期 t 就要提前对下一个时期其他供水竞争对手寡头的定价进行预测并优化自己的价格以达到利润最大化的目的。这就要求上述三寡头供水企业的每个企业在 $t+1$ 时期的供水价格符合以下最优函数方程：

$$p_1(t+1) = \text{argmax} \prod_1 (p_1(t), p_2^{e_1}(t+1), p_3^{e_1}(t+1)),$$

$$p_2(t+1) = \text{argmax} \prod_2 (p_1^{e_2}(t+1), p_2(t), p_3^{e_2}(t+1)),$$

$$p_3(t+1) = \text{argmax} \prod_3 (p_1^{e_3}(t+1), p_2^{e_3}(t+1), p_3(t)),$$

其中，$p_i^e(t+1)$ 代表其他两个供水寡头企业对供水企业 i 在 $t+1$ 时期供水价格的一个估值。

上述三个供水寡头企业 X、Y 和 Z 认为它们自己竞争对手在 $t+1$ 时期的供水量与时期 t 的供水量是相同的，即：

$$q_1^{e_2}(t+1) = q_1^{e_3}(t+1) = q_1(t),$$

$$q_2^{e_1}(t+1) = q_2^{e_3}(t+1) = q_2(t),$$

$$q_3^{e_1}(t+1) = q_3^{e_2}(t+1) = q_3(t),$$

为了能够较为形象地研究三个供水寡头企业，假定它们的决策规则不同，故再进行如下三个假设。

假设 3-4：企业 X 是传统的供水企业，其进行供水价格博弈时采用的是 Dixit 的"近视眼"策略，也就是说此供水企业是根据边际利润决定自身供水价格的调整，其决策演化模型可采用如下形式：

$$p_1(t+1) = p_1(t) + \alpha_1 p_1(t) \frac{\partial \prod_1 (p_1, p_2, p_3)}{\partial p_1} \qquad (3-5)$$

假设 3-5：企业 Y 是污水处理的供水企业，其进行供水价格博弈时采用的是自适应策略，即企业 Y 在 $t+1$ 时期的供水价格主要取决于它在时期 t 的价格和最优价格反应函数。这样，企业 Y 的供水价格调整机制可以表示成如下形式：

$$p_2(t+1) = (1-\beta_2)p_2(t) + \beta_2 p_2^* \qquad (3-6)$$

假设 3-6：企业 Z 是海水淡化的供水企业，其进行供水价格博弈时采用的是简单更改策略，即企业 Z 在 $t+1$ 时期的供水价格主要取决于它的最优价格反应函数。这样，企业 Z 的供水价格调整机制可以表示成如下形式：

$$p_3(t+1) = p_3^* \qquad (3-7)$$

因此，根据式（3-5）、式（3-6）和式（3-7），这个三寡头供水市场的价格博弈演化模型可以表示成如下形式：

$$\begin{cases} p_1(t+1) = p_1(t) + \alpha_1 p_1(t)(a - 2bp_1(t) + d(p_2(t) + p_3(t)) + bc_1) \\ p_2(t+1) = (1-\beta_2)p_2(t) + \dfrac{\beta_2}{2b}(a + d(p_1(t) + p_3(t)) + b(c_2 - s_2)) \\ p_3(t+1) = \dfrac{1}{2b}(a + d(p_1(t) + p_2(t)) + b(c_3 - s_3)) \end{cases}$$

$$(3-8)$$

3.2 稳定性分析

系统（3-8）的不动点可以通过如下代数方程求出：

$$\begin{cases} p_1 + \alpha_1 p_1(a - 2bp_1 + d(p_2 + p_3) + bc_1) = P_1 \\ (1-\beta_2)p_2 + \dfrac{\beta_2}{2b}(a + d(p_1 + p_3) + b(c_2 - s_2)) = P_2 \qquad (3-9) \\ \dfrac{1}{2b}(a + d(p_1 + p_2) + b(c_3 - s_3)) = P_3 \end{cases}$$

通过简单的计算就可以得到如下两个不动点：

$E_0 = (p_{x_0}, p_{y_0}, p_{z_0})$ 和 $E_1 = (p_{x_1}, p_{y_1}, p_{z_1})$，

其中，$p_{x_0} = 0$，$p_{y_0} = \dfrac{ad + bdc_3 - bds_3 + 2ab + 2b^2 c_2 - 2b^2 s_2}{4b^2 - d^2}$，

$$p_{z_0} = \dfrac{2ab + 2b^2 c_3 - 2b^2 s_3 + ad + bdc_2 - bds_2}{4b^2 - d^2},$$

$$p_{x_1} = \dfrac{ad + 2b(a + bc_1) - bd(c_1 - c_2 - c_{3+s_2} + s_3)}{2(2b + d)(b - d)},$$

$$p_{y_1} = \dfrac{2b^2(c_2 - s_2) + bd(c_1 - s_3 - c_{2+c_3} + s_2) + a(2b + d)}{2(2b + d)(b - d)},$$

$$p_{z_1} = \frac{2b^2(c_3 - s_3) + bd(c_1 + c_2 - c_3 - s_2 + s_3) + a(2b + d)}{2(2b + d)(b - d)}。$$

假定其特征方程表示成如下形式：

$$P(\lambda) = (\lambda)^3 + a_2\lambda^2 + a_1\lambda + a_0 = 0 \qquad (3-10)$$

那么，我们可以根据 Jury 稳定性准则得到如下引理：

引理 3 - 1：特征方程（3 - 10）的根都在单位圆内部的充分必要条件是：

$$\begin{cases} 1 + a_0 + a_1 + a_2 > 0 \\ 1 - a_0 + a_1 - a_2 > 0 \\ 1 - a_0^2 > |a_1 - a_0 a_2| \\ \quad |a_0| < 1 \end{cases} \qquad (3-11)$$

1. 不动点 E_0 的稳定性分析

系统（3 - 8）在不动点 E_0 处的 Jacobian 矩阵可以写成如下形式：

$$A(E_0) = \begin{bmatrix} 1 + \alpha_1(a + d(y_0 + z_0) + bc_1) & 0 & 0 \\ \dfrac{\beta_2 d}{2b} & 1 - \beta_2 & \dfrac{\beta_2 d}{2b} \\ \dfrac{d}{2b} & \dfrac{d}{2b} & 0 \end{bmatrix} \quad (3-12)$$

它的特征方程可以表示成如下形式：

$$P(\lambda) = (\lambda)^3 + A_2\lambda^2 + A_1\lambda + A_0 = 0 \qquad (3-13)$$

其中，

$A_2 = \beta - \alpha_1(a + dy_0 + dz_0 + bc_1) - 2$，

$A_1 = \alpha_1(1 - \beta_2)bc_1 + ((y_0 + z_0)(1 - \beta_2)d + a(1 - \beta_2))\alpha_1 +$

$1 - \beta_2 - \dfrac{\beta_2 d^2}{4b^2}$，

$A_0 = \dfrac{(-1 - \alpha_1\beta_2(a + d(y_0 + z_0) + bC_1))d^2}{4b^2}。$

根据引理 3 - 1，我们可以求得关于参数 (s_2, s_3) 的局部渐近稳定区域为：

$$\Omega_{E_0}(s_2, s_3) = \left\{ \begin{array}{c} (s_2, s_3): 1 + A_0 + A_1 + A_2 > 0, \ 1 - A_0 + A_1 \\ - A_2 > 0, \ 1 - A_0^2 > |A_1 - A_0 A_2|, \ |A_0| < 1 \end{array} \right\}_\circ$$

2. 不动点 E_1 的稳定性分析

系统（3 - 8）在不动点 E_1 处的 Jacobian 矩阵可以写成如下形式：

$$A(E_1) = \begin{bmatrix} 1 + a\alpha_1 - 4\alpha_1 bp_{x_1} + \alpha_1 dp_{y_1} + \alpha_1 dp_{z_1} + \alpha_1 bc_1 & \alpha_1 dp_{x_1} & \alpha_1 dp_{x_1} \\ \dfrac{\beta_2 d}{2b} & 1 - \beta_2 & \dfrac{\beta_2 d}{2b} \\ \dfrac{d}{2b} & \dfrac{d}{2b} & 0 \end{bmatrix}$$

$$(3 - 14)$$

它的特征方程可以表示成如下形式：

$$P(\lambda) = (\lambda)^3 + a_2\lambda^2 + a_1\lambda + a_0 = 0 \qquad (3 - 15)$$

其中，

$a_0 = W_5(W_4(s_2 + s_3) + W_1 + W_2 + W_3)$,

$a_1 = W_5(W_{11}(s_2 + s_3) + W_6 + W_7 + W_8 + W_9 + W_{10})$,

$a_2 = W_5(W_{13}(s_2 + s_3) + W_{12})$, $W_0 = c_1 - c_2 - c_3$,

$W_1 = \beta_2(\alpha_1 b W_0 - a\alpha_1 - 1)d^4$,

$W_2 = (((1 - 4\beta_2)a\alpha_1 - \beta_2) - ((2c_2 + 2c_3)\beta_2 + W_0)\alpha_1 b)bd^3$,

$W_3 = (2(1 - 2\beta_2)\alpha_1 b^3 c_1 + ((1 - 2\beta_2)2a\alpha_1 + 2\beta_2)b^2)d^2$,

$W_4 = 2\alpha_1\beta_2 b^2 d^3 - \alpha_1 b^2 d^3 + \alpha_1\beta_2 bd^4$, $W_5 = \dfrac{1}{8b^4 - 4b^3 d - 4d^2 b^2}$,

$W_6 = 8\alpha_1(\beta_2 - 1)b^5 c_1$,

$W_7 = (\alpha_1(4 - \beta_2)dW_0 + 8(\beta_2 - 1)(a\alpha_1 - 1))b^4$,

$W_8 = 2d(2(\beta_2 - 1)(a\alpha_1 + 1) - \alpha_1(1 + \beta_2)c_1 d)b^3$,

$W_9 = (W_0(\beta_2 + 1)\alpha_1 d + 2(\beta_2 - (\beta_2 + 1)a\alpha_1 - 2))b^2 d^2$,

$W_{10} = d^4\beta_2 + (\beta_2 - \alpha_1(\beta_2 + 1))abd^3$, $W_{11} = d^3\alpha_1 b^2 + 4\alpha_1 b^4 d +$

$\alpha_1 b^2 d^3 \beta_2 - 4\alpha_1 b^4 d\beta_2$,

$$W_{12} = 8\alpha_1 b^5 c_1 + 4\left(2a\alpha_1 + 2\beta_2 - \alpha_1 dW_0 - 4\right) b^4 + 4\left(2 + a\alpha_1 - \beta_2\right)$$
$$db^3 + 4\left(2 - \beta_2\right)b^2 d^2, \; W_{13} = -4\alpha_1 b^4 d_\circ$$

显然，当且仅当引理 3 - 1 成立时不动点 E_1 是局部渐近稳的，其关于参数 (s_2, s_3) 的区域可以表示为：

$$\Omega_{E_1}(s_2, s_3) = \left\{ \begin{array}{l} (s_2, s_3): 1 + a_0 + a_1 + a_2 > 0, \; 1 - a_0 + a_1 - \\ a_2 > 0, \; 1 - a_0^2 > \mid a_1 - a_0 a_2 \mid, \; \mid a_0 \mid < 1 \end{array} \right\}_\circ$$

3. 参数 (s_2, s_3) 的吸引盆

令 $\alpha_1 = 0.36$，$\beta_2 = 0.2$，$a = 6$，$b = 2.5$，$c_1 = 0.1$，$c_2 = 0.3$，$c_3 = 0.4$，关于参数 (s_2, s_3) 的吸引盆如图 3 - 1 所示。图 3 - 1 中的区域 $BCDE$ 和 $CGPD$ 分别对应于 $\Omega_{E_0}(s_2, s_3)$ 和 $\Omega_{E_1}(s_2, s_3)$，都是渐近稳定区域，区域 $ABEF$ 和 $GHNP$ 是稳定的周期 2 区域，区域 OAF 和 $HIJLMN$ 是混沌区域，区域 JKL 是发散区域，如表 3 - 1 所示。

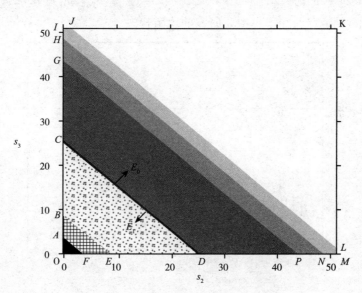

图 3 -1　参数 (s_2, s_3) 的吸引盆

表 3 - 1   参数（s_2，s_3）吸引盆图的状态分类

序号	区域	图中的颜色	状态类型	对应不动点
1	OAF	黄色	奇怪吸引子	E_1
2	ABEF	蓝色	倍周期	E_1
3	BCDE	红色	稳定	E_1
4	CGPD	红色	稳定	E_0
5	GHNP	蓝色	倍周期	E_0
6	HIJLMN	黄色	奇怪吸引子	E_0
7	JKL	白色	发散	E_0

区域 $\Omega_{E_0}(s_2, s_3)$ 和 $\Omega_{E_1}(s_2, s_3)$ 表示灌区水价会在有限时间内从一个初始水平达到纳什均衡状态。显然，$E_0 = (p_{x_0}, p_{y_0}, p_{z_0})$ 是一个有界均衡点[198]，它表明 $p_{x_0} = 0$ 即免费向灌区提供水是供水企业 X 的最优策略。但是，在现实中从来不会出来这种情形。因而 E_0 不应该是我们所关心的均衡状态。$E_1 = (p_{x_1}, p_{y_1}, p_{z_1})$ 在现实中是可行的，是我们在本书中要研究的均衡状态。

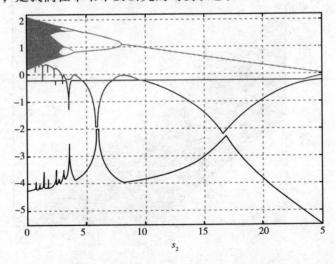

图 3 - 2　$s_3 = 0.4$ 时，关于参数 s_2 的 Lyapunov 指数谱和 p_1 的分岔图

3.3　余二维分岔分析

现在已经有很多分岔理论[199-201]可以用于研究系统（3-8），但是 Kuznetsov[202]的分岔理论手相对于其他理论而方对于分析系统（3-8）是更有效的。下面，我们令 $\alpha_1 = 0.36$，$\beta_2 = 0.2$，$a = 6$，$b = 2.5$，$c_1 = 0.1$，$c_2 = 0.3$，$c_3 = 0.4$，则系统（3-8）可以写成如下形式：

$$\begin{cases} p_{x_{t+1}} = p_{x_t} + 1.8 p_{x_t}(1.25 - p_{x_t} + 0.11(p_{y_t} + p_{z_t})) \\ p_{y_{t+1}} = 0.8 p_{y_t} + 0.022(p_{x_t} + p_{z_t}) - 0.1 s_2 + 0.27 \\ p_{z_{t+1}} = 0.11(p_{x_t} + p_{y_t}) - 0.5 s_3 + 1.4 \end{cases} \qquad (3-16)$$

它的纳什均衡是 E_1 =（1.096671926，1.186762016 - 0.4504504505s_2，2.580653598 + 0.4504504505s_2）。方程（3-16）在均衡点 E_1 的 Jacobian 矩阵可以表示成如下形式：

$$A_{pb}(E_1) = \begin{bmatrix} -0.974 & 0.217 & 0.217 \\ 0.022 & 0.8 & 0.022 \\ 0.11 & 0.11 & 0 \end{bmatrix} \qquad (3-17)$$

它总共有三个特征值，其中一个是 $\lambda_1 = -1$，另两个是 $\lambda_2 = 0.0195$ 和 $\lambda_3 = 0.807$。图 3-1、图 3-2 和图 3-3 表明，当实值特征值 $\lambda_1 = -1$ 穿越稳定区 $\Omega_{E_1}(s_2, s_3)$ 的边界 BE 时，会有倍周期分岔出现，即满足 $s_2 + s_3 = 8.463662665$ 的参数 s_2 和 s_3 临界值位于稳定区 $\Omega_{E_1}(s_2, s_3)$ 的边界 BE 上。

当不动点 E_1 通过倍周期分岔点并失稳时，系统（3-16）在临界值投影到一维中心流形时可以转化为正规形的如下形式：

$$X_{n+1} = -X_n + \frac{1}{6} b_1 X_n^3 + O(X_n^4)， \qquad X_n \in R^1，$$

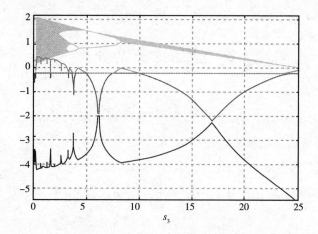

图 3 – 3　$s_2 = 0.2$ 时，关于参数 s_3 的 Lyapunov 指数谱和 p_1 的分岔图

其中 $b_1 \neq 0$ 称为正规形系统，且

$$b_1 = \frac{1}{6} \langle p, C(q,q,q) + 3B(q,(I_3 - A)^{-1} B(q,q)) \rangle,$$

其中 I_3 是一个 3×3 的单位矩阵，$Aq = -q$，$A^T p = -p$，$A = A_{pb}$ (E_1)，$\langle q, q \rangle = \langle p, q \rangle = 1$，$\langle , \rangle$ 表示内积，并且多重线性函数 B 和 C 分别定义为如下形式：

$$B_i(x,y) = \sum_{j,k=1}^{n} \frac{\partial^2 X_i(\xi,0)}{\partial \xi_j \partial \xi_k} \Big|_{\xi=0} x_j y_k, i = 1,2,$$

$$C_i(x,y,z) = \sum_{j,k,l=1}^{n} \frac{\partial^3 X_i(\xi,0)}{\partial \xi_j \partial \xi_k \partial \xi_l} \Big|_{\xi=0} x_j y_k z_l, i = 1,2。$$

对于系统（3 – 16），若

$$q = (-0.994075101, 0.01082788553, 0.1081571934)^T,$$

$$p = (-0.9818661631, 0.1055591755, 0.2108811391)^T$$

$$B(\xi, \eta) = \begin{pmatrix} 0.198\ (\xi_1\eta_2 + \xi_1\eta_3 + \xi_2\eta_1 + \xi_3\eta_1)\ -3.6\xi_1\eta_1 \\ 0 \\ 0 \end{pmatrix},$$

$$C\ (\xi,\ \eta,\ \zeta)\ =\begin{pmatrix} 0 \\ 0 \\ 0 \end{pmatrix},$$

那么我们可以得到:

$$B\ (q,\ q)\ =\begin{pmatrix} -3.604306026 \\ 0 \\ 0 \end{pmatrix},$$

$$B\ (q,\ (I_3-A)^{-1}B\ (q,\ q))\ =\begin{pmatrix} -6.669763092 \\ 0 \\ 0 \end{pmatrix},$$

$$C\ (q,\ q,\ q)\ =\begin{pmatrix} 0 \\ 0 \\ 0 \end{pmatrix}。$$

因此,此正规形的关键系数是:

$$b_1 = 3.274406 > 0 \qquad\qquad (3-18)$$

这意味着倍周期分岔出现在超临界点 E_1 上。

图 3-2 和图 3-3 表明,系统(3-16)的分岔图与 Lyapunov 指数谱吻合地非常好,并且两图与图 3-1 吻合得也非常好。运用拓延理论[203]和 MATLAB Cl_MatContM 工具包,本书下面的内容是要进行上述相关分岔研究结果的数值验证。

如果我们可以在吸引盆图 3-1 的稳定区域 BCDE 的内部取一个点 E_1 = (1.596211596,1.596211596,1.551166551),接着先固定参数 s_3 = 0.4 的同时令参数 s_2 变化,以研究不动点 E_1 的拓延现象,结果如图 3-4 和表 3-2 所示。我们再将其切换至第二次和第四次迭代的 PD(Period-Doubling Bifurcation)点,如图 3-5 所示。

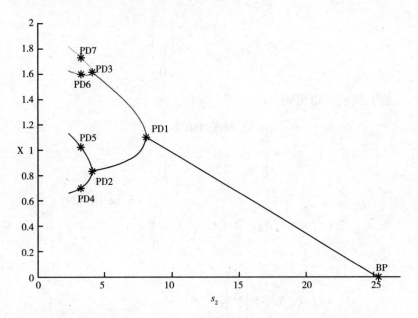

图 3-4　在 (s_2, X) - 空间 E_1 的拓延（X 为企业 X 的供水价格）

表 3-2　　　　　　　　与图 3-4 相对应的 E_1 的拓延情况

序号	标签	供水价格取值	规范形系数	临界点
1	PD	(1.096672 - 2.445180 1.051627 8.063663)	3.274406e+00	2 - cycle
2	PD	(0.830878 - 0.392361 1.333279 4.045975)	1.868612e+01	4 - cycle
3	PD	(1.612503 - 0.400875 1.248237 4.045975)	9.352670e+01	4 - cycle
4	PD	(0.702644 0.038991 1.393175 3.208909)	5.559248e+02	8 - cycle
5	PD	(1.019443 0.033503 1.378263 3.208909)	1.160791e+02	8 - cycle
6	PD	(1.594166 0.026410 1.281580 3.208909)	5.498331e+02	8 - cycle
7	PD	(1.727479 0.028661 1.315824 3.208909)	3.265258e+03	8 - cycle

　　另外，若从 $E_1 = (1.596211596, 1.596211596, 1.551166551)$ 出发，固定 $s_2 = 0.4$ 变化 s_3 去研究不动点 E_1 的拓延，如图 3-6 和表 3-3 所示。

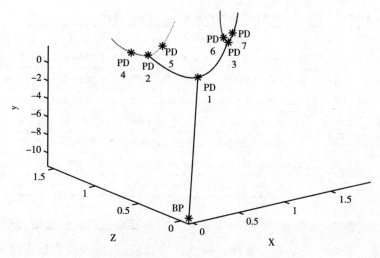

图 3-5 在第二次和第四次迭代后不动点的对应曲线

（X、Y 和 Z 为企业 X、Y 和 Z 的供水价格）

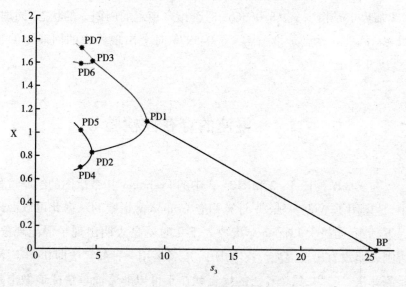

图 3-6 在 (s_3, X) - 空间 E_1 的拓延

（X 为企业 X 的供水价格）

表3－3 与图3－6相对应的 E_1 的拓延情况

序号	标签	供水价格取值	规范形系数	临界点
1	PD	（1.0966721.096672 － 2.4905648.263663）	3.274406e+00	2 - cycle
2	PD	（0.8308781.340060 － 0.3991424.245975）	1.868612e+01	4 - cycle
3	PD	（1.6125031.331546 － 0.4841844.245975）	9.352670e+01	4 - cycle
4	PD	（0.7026441.3943550.0378113.408909）	5.559248e+02	8 - cycle
5	PD	（1.0194431.3888680.0228993.408909）	1.160791e+02	8 - cycle
6	PD	（1.5941661.381774 － 0.0737843.408909）	5.498331e+02	8 - cycle
7	PD	（1.7274791.384026 － 0.0395403.408909）	3.265258e+03	8 - cycle

在表3－2和表3－3中，其中的第三列为供水价格的取值，此取值的前三项为三个寡头企业供水价格的均衡值，而第四项为相应自由参数 s_2 或 s_3 在分岔点的取值。显然，倍周期点的规范形系数是3.274406，与式（3－18）的计算结果是一致的。在表3－2中，"2 - cycle"临界点是指当 $s_2 < 8.063663$ 时会出现稳定的周期2的状态，同理，"4 - cycle"临界点是指当 $s_2 < 4.045975$ 时会出现稳定的周期4的状态，以此类推。

3.4　混沌的存在性检验

在3.3节的图3－2和图3－3中的Lyapunov指数谱图的绘制过程中，是运用了Wolf算法[204]计算相应Lyapunov指数的。据此可以做出以下判断：当最大Lyapunov指数大于0时就是表明出现了混沌现象，否则表明没有出现混沌。在本书中，准备运用一种新算法即0~1混沌检测算法[205-208]，这个算法的优点就在于可以非常简单快捷地做出是否存在混沌的判断。

1.0~1混沌检测算法简介

0~1混沌检测算法可能描述如下：

考虑一组离散抽样数据 $\phi(n)$ 的抽样间隔为 $n=1,2,3,\cdots,N$，其中

的 N 是数据的总数量。

第 1 步,选择一个随机数 $c \in (\frac{\pi}{5}, \frac{4\pi}{5})$ 并定义一个新的坐标 $(p_c(n), s_c(n))$ 如下:

$$p_c(n) = \sum_{j=1}^{n} \phi(j)\cos(\theta(j)), s_c(n) = \sum_{j=1}^{n} \phi(j)\sin(\theta(j))$$

$$(3-19)$$

其中

$$\theta(j) = jc + \sum_{i=1}^{j} \phi(j), j = 1,2,3,\cdots,n \text{。}$$

第 2 步,定义均方差偏移量 $M_c(n)$ 如下:

$$M_c(n) = \lim_{N\to\infty} \frac{1}{N} \sum_{j=1}^{N} (p_c(j+n) - p_c(j))^2 +$$

$$(s_c(j+n) - s_c(j))^2, n \in \left[1, \frac{N}{10}\right] \quad (3-20)$$

第 3 步,定义校正的均方差偏移量 $D_c(n)$ 如下:

$$D_c(n) = M_c(n) - \left(\lim_{N\to\infty} \frac{1}{N} \sum_{j=1}^{N} \phi(j)\right)^2 \frac{1-\cos nc}{1-\cos c} \quad (3-21)$$

第 4 步,定义平均相关系数 K 如下:

$$K = \text{median}(K_c) \quad (3-22)$$

其中:

$$K_c = \frac{cov(\xi, \Delta)}{\sqrt{var(\xi)var(\Delta)}} \in [-1, 1],$$

$\xi = (1,2,3,\cdots,n_{cut}), \Delta = (D_c(1), D_c(2), \cdots, D_c(n_{cut})), n_{cut} = round(\frac{N}{10})$,我们将长度为 q 的向量 x, y 的方差和协方差定义如下:

$$cov(x,y) = \frac{1}{q} \sum_{j=1}^{q} (x(j) - \bar{x})(y(j) - \bar{y}), \bar{x} = \frac{1}{q} \sum_{j=1}^{q} x(j),$$

$var(x) = cov(x,x)$。

第 5 步，结果解读如下：

（1）$K \approx 0$ 表明此系统是常规的（即周期或者拟周期的），而 $K \approx 1$ 表明此系统是混沌的。

（2）在 (p, s) －平面，如果系统有清晰边界的轨迹表明此系统是常规的，而如果其轨迹边界好似布朗运动（无清晰边界）则表明其为混沌的。

2. 供水寡头企业价格博弈系统的混沌存在性检测

我们使用系统（3－16）中供水寡头企业 X 的供水价格 p_1 的数据，分别就 s_2 和 s_3 实施 $0 \sim 1$ 混沌检测，新的坐标变量 (p, s) 如图 3－7、图 3－8、图 3－9、图 3－10、图 3－11 和图 3－12 所示。

当我们固定参数 $s_2 = 0.2$ 而令参数 s_3 以 0.05 为增量从 0 变化到 25 时，我们便可以非常容易地得到 K 值图，如图 3－7 所示，显然我们所得到的结果与 3.3 节的结果非常吻合。当 $s_3 = 1$ 时 $K \approx 1$，这说明此系统出现了混沌现象，如图 3－8 和图 3－9 所示。

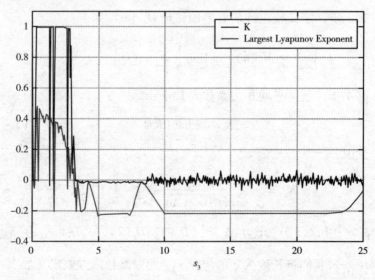

图 3－7　K 值与最大 Lyapunov 指数 vs. $s_3 \in$ ［0，25］ 和 $s_2 = 0.2$

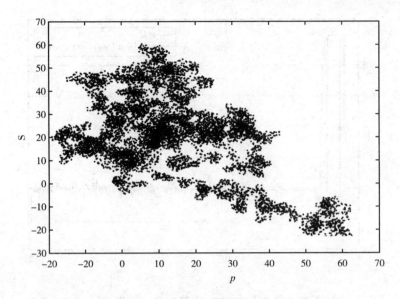

图 3 - 8　新坐标（p，s）空间的轨迹图 vs. $s_2 = 0.2$ 和 $s_3 = 1$

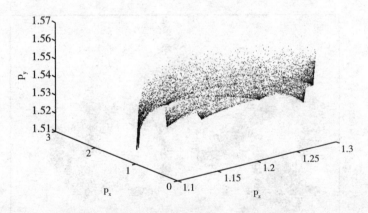

图 3 - 9　原始空间的轨迹图 vs. $s_2 = 0.1$ 和 $s_3 = 1$

（其中的 p_x，p_y，p_z 分别对应 p_1，p_2，p_3）

　　同样，当我们固定 $s_3 = 0.4$ 而令 s_2 以 0.05 为增量从 0 变化到 25 时，我们可以得到一个新的 K 值图，如图 3 - 10 所示，结果也是与 3.3 节的结果非常吻合。同样，当 $s_2 = 0.1$ 时 $K \approx 1$，这说明此系统出现了混沌现象，如图 3 - 11 和图 3 - 12 所示。

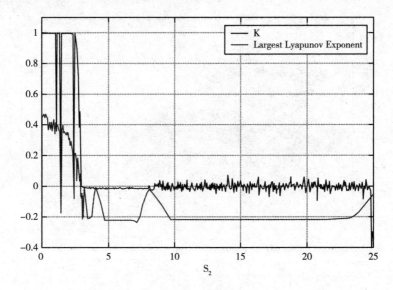

图 3-10　K 值与最大 Lyapunov 指数 vs. $s_2 \in [0, 25]$ 和 $s_3 = 0.4$

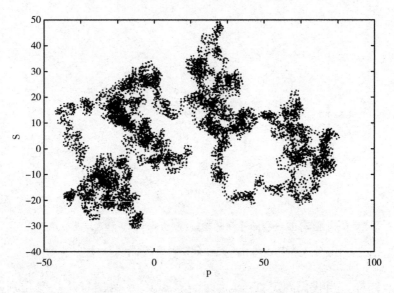

图 3-11　新坐标 (p, s) 空间的轨迹图 vs. $s_2 = 0.1$ 和 $s_3 = 0.4$

根据图 3-7、图 3-8、图 3-9、图 3-10、图 3-11 和图 3-12 的数值模拟结果，我们很容易发现：Lyapunov 指数与 0~1 检测算法的平均相关系数 K 值吻合的效果非常好。

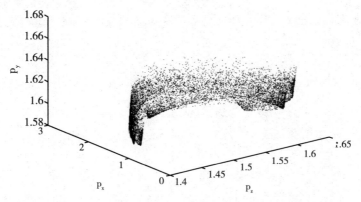

图 3 – 12　原始空间的轨迹图 vs. $s_2 = 0.1$ 和 $s_3 = 0.4$

（其中的 p_x，p_y，p_z 分别对应 p_1，p_2，p_3）

3.5　本章小结

从以上分析表明，三供水寡头的水价博弈演化非常复杂，稳定性结构分析并不容易，并表现出余二维分析现象和混沌现象。因而，在研究动态的水价博弈优化问题会显得难度较大，需要根据实际情况简化模型。

第4章　生态文明导向的沿海灌区水价优化模型

　　一个沿海灌区会涉及很多与水相关的人类活动，包括贮水、引水、取水、配水以及水利用、水污染、水回收、水净化和水淡化等。灌区尺度层面的研究可以为我们在水资源的经济效率、公平性和可持续性等方面[209]提供了一个综合的不同层次的优化决策研究框架，如图 4-1 所示。

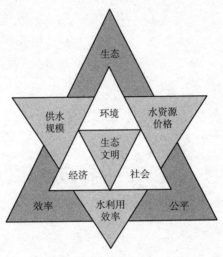

图 4-1　生态文明导向的供水管理优化决策框架

　　从图 4-1 中的生态文明导向的供水管理优化决策框架中，我们可以比较清晰地发现如下规律：

　　（1）供水规模的控制可以同时影响社会效率和生态的可持续性进而影响经济和环境问题，因为如果供水量过少，企业不能够实现规模效益或者由于开采过度成本过高而出现不经济现象；相反，如果供水企业供水过多，占用了生态用水，那么生态的可持续性就会遭到破坏，就会影响水源的贮水数量和质量。

　　（2）水的利用效率也会同时对企业的生产效率和社会公平产生影响，因为水的利用效率提高后，企业的生产成本就会下降，其企业效率自然会有提升，同时，如果水的利用效率提高了，耗水大户所占用的水资源比例就会下降，低收入或者弱势群体的水权就会有更好的保障，进而促进社会公平。

（3）水资源价格可以同时对社会公平与生态环境产生影响，因为如果实行合适的价格可以将社会对水的消耗控制在一个可持续发展的水平上，同时一个好的价格机制不仅能够兼顾社会中的低收入阶层和弱势群体还能够通过价格杠杆引导社会节约用水，缓解水短缺的压力。

Xin 和 Li[210] 研究了沿海灌区的供水寡头的水价博弈优化问题，但绝大多数文献主要集中在与水资源决策相关模型的研究上，如 Letcher 等[211] 对水分配与政策选择的研究；Rosegrant[212]、Knapp[213] 和 Ward[214] 研究了水交易与水市场问题；Ward 和 Pulido-Velázquez[215] 将效率、公平和可持续性整体考虑进了里奥格兰德河（位于美国和墨西哥之间）流域的水资源优化的多目标模型之中；Zagonari[216] 将公平、公正和可持续性整体考虑进气候变化背景下巴西地下水管理政策的单目标优化模型之中。但鲜有文献同时兼顾供水企业、用水者和国家三方利益而将经济效率、社会公平和生态可持续等指标分层次整体考虑进水资源研究框架之中。

2010 年，国家发展和改革委员会价格司副司长周望军[217] 认为，由于我国水价构成不合理，不能充分反映水资源的稀缺性和环境治理成本，致使沿海灌区的不同水源的供水组合的成本构成和价格形成存在较大差异，客观上需要重新优化水价体系，以有利于激励利益相关者节水、治污和开源，有利于合理配置水资源、提高用水效率，有利于实现生态、社会和经济三大效益协调统一的总用水效益最优，有利于促进沿海灌区生态环境和经济社会的协调发展。

4.1　问题描述

4.1.1　沿海灌区系统论

事实证明，沿海灌区作为一个大系统[218]，由若干个子系统组成，而上述每个子系统又包含着许许多多小的子系统；沿海灌区系统及其子系统的关系高度复杂，错综交织，相互作用，彼此制约；沿海灌区系统的结构层级递进，关系目标相互冲突而不可调和，如图3-1所示；沿海灌区系统中的决策者由于所处层面的差异而表现出知识经验与偏好的不一致，而欲平衡不同决策者的目标需要选择一个适宜的理论与方法予以解决，但这并非易事，会遇到许多非常大的困难与挑战。本书尝试运用多层次多目标优化的方式来解决上述问题[219]。

沿海灌区水系统并非是一个简单的单一系统，而是超出传统那种纯粹水供应的传输系统，其实际要比想象大得多。不管水价能够保证生态可持续性的实现，但其在很大程度上还是取决于水系统的本质特征，特别是此系统的规模与组成。但是，为实现可持续性的水价策略应当能够满足以下四个方面的要求：

（1）能够反映真实成本，并能引导有效率的生产和消费；

（2）能够促进供水服务设施或者运营的优化或者实现最低成本；

（3）能够在充分考虑可承受性基础上实现成本分担的公平性；

（4）能够增强供水系统的融资、管理和技术能力的持续性。

尽管这个要求看似非常简单，但因为可持续发展的要求，这种水价策略就会涉及非常多的理论与实践问题，因而是非常复杂的一件事。

4.1.2　多层次多目标优化特征

本书就是要以生态文明为导向，将生态、社会和经济三大目标整体考虑进沿海灌区的水价优化模型中，通过水价的优化实现经济文明、社会文明和生态文明的同步协调发展和提高。在这个沿海灌区的水价决策系统中，有三方决策者：国家、农户和供水企业。其中，国家层面的目标是追求整体生态效益的优化，以实现区域可持续发展；社会层面的目标是通过农户群体决策形成的，追求社会公平与存在性，以实现农户群体利益的最优；供水企业层面的目标是通过水的供应数量来影响水的价格进而优化企业利益。显然，这个多层次多目标规划问题具有以下特征：

（1）在这个具有主从之分的层次优化系统中，共有三个存在相互作用的决策主体和决策层次，并且每一个层次的目标可能不止一个；

（2）此系统中的决策主体所执行的优化决策过程是有着非常清晰的先后次序，即从主到次、从上到下、逐层递进；

（3）此系统中每个决策主体，一方面都会独立追求实现自己的目标函数，另一方面也要受其他层决策主体的决策行为或反应所影响；

（4）此多层次多目标优化系统的决策过程可以简化如下：第一层决策主体先做出一个决策，进而要求第二层决策主体在第一层决策的基础上独立地做出自己的最优决策，再要求第三层决策主体在第二层决策的基础上独立地做出自己的最优决策，这个决策信息再经第二层决策主体传回给第一层决策主体，第一层决策主体在考虑整体利益和自己利益的基础上进行微调决策，第二层、第三层决策主体再依次做出决策，这个过程就这样依次进行下去，直到找到一个能够让三个决策主体都满意的最优决策。

4.1.3　研究框架

此项目的水价优化模型是一个三层多目标规划模型：

（1）第一层为国家层面：整体生态效益的均衡优化模型。以农户用水价格和用水量变量，后者变量由第二层和第三层模型决定。换句话说，在考虑国家层面的目标的同时还要考虑其他层次的目标可达性。

（2）第二层为社会层面：基于公平和可接受性的社会效益均衡优化模型。以水资源配置的社会效益最大为目标，以社会公平正义和水价的农户可接受性为约束条件。

（3）第三层为供水企业层面：供水部门经济效益的均衡优化模型。以供水部门经济效益最大化为目标，以水权和排污权的交易成本与收益等作为一般的约束条件。

4.2　目标解析

4.2.1　第一层：生态效益目标

（1）可持续发展目标。

自1987年以布兰特夫人为首的世界环境与发展委员会[220]在发表的报告《我们共同的未来》中正式提出可持续发展概念以来，可持续发展问题引起了广泛重视，在全世界范围内迅速传播。人类社会的可持续性主要指一种与人类社会相关的在时间维度上可以长期维持的状态或过程，主要由生态可持续性、经济可持续性和社会可持续性三个相互联系不可分割的部分组成。经济、社会和生态的可持续协调发展是一个密不可分的复杂大系统，既要保证经济发展的目标，又要保证人类赖以生存的大气、淡水、海洋、土地和森林等生态资源与环境的健康目标，使国民及后代能够健康、幸福和永续发展的目标。

（2）从可持续发展到生态文明建设。

正与郭如才[221]所说，党中央在 21 世纪新阶段提出建设生态文明的目标，并逐步明确了生态文明是社会主义建设的一个重要方面。近年来，越来越多的学者也开始重视生态文明导向的自然资源管理问题，如张孝德[222]2008 年提出的资源与环境约束下成本内化的生态文明模式；成金华[21]2011 年认为搞好自然资源管理是建设生态文明的基本任务；张彦英和樊笑英[223]2011 年认为，生态文明建设应该使资源环境的生态和生产力两种价值同时实现最大和最优；樊新中[26]2011 年认为水能资源开发应体现生态文明和社会和谐的理念。

生态文明的特征是人与自然的协同发展和人与社会的和谐统一，其根基是经济、社会、生态的可持续发展。2015 年 9 月 11 日中央政治局会议审议通过了《生态文明体制改革总体方案》，并且强调，要有正确的生态环保理念作为指导，坚持正确方向推进生态文明体制改革；要树立尊重自然、顺应自然、保护自然的理念，发展和保护相统一的理念，绿水青山就是"金山银山"的理念，自然价值和自然资本的理念，空间均衡的理念，山水林田湖是一个生命共同体的理念；要重视经济增长过程中的自然资源问题，就要对传统的经济发展方式进行调整，对自然资源资产进行核算；要把统筹城乡环保作为统筹城乡工作的核心内容之一，把农村的环保指标纳入各级政府政绩考核体系中；要加大农村环境基础设施建设，尤其是要在农村大量兴建固废与污水无害处理设施；要创建企业清洁生产激励机制，加强农村环境监管与执法力度，增加农村群众在环境管理中的参与权和决策权；要建立充分反映资源消耗、环境损害、生态效益的生态文明绩效评价考核和责任追究制度；建立归属清晰、权责明确、监管有效的自然资源资产产权制度；要建立健全覆盖全面、科学规范、管理严格的资源总量管理和全面节约制度；要建立反映市场供求和资源稀缺程度，体现自然价值和代际补偿的资源有偿使用和生态补偿制度；要构建以改善环境质量为导向，监管统一、执法严明、多方参与的环境治理体系。

（3）生态文明建设的途径。

许多方面的专家学者已经尝试提出了在多个领域进行生态文明建设的途径，如生产领域的生态工业与生态农业、消费领域的绿色消费、基础建设领域的水和大气环境保护及废弃物的回收利用、天然生态系统领域的森林草地和河流湖泊湿地的保护、文化教育领域的学校建设和绿色观念与社会风气的重塑、资源开发与利用领域的水资源循环利用和自然资源存量保护及保持生态系统的稳定性和恢复能力等。

（4）沿海灌区生态效益目标。

从生态文明的视角实现沿海灌区的可持续发展并达到其生态效益目标的途径是非常多的，但具可操作性的措施并不多。例如，Loucks[224]于2000年提出一种对影响人类福利的各种准则的加权组合的方法，即通过对可靠性、可恢复性和脆弱性等准则进行加权去测度可持续性，但就实际而言，上述任何一项准则的测度都仍是世界级的开放问题。Cai[225]和Schoups等[226]分别于2002年和2006年分别运用上述加权方法定义了水资源利用的整体可持续性指标，然而这个方法所涉及的各个测度准则至今并未实际解决。Ward[227]研究了一个操作性相对较强的测度可持续性的方法，即从财务和物理两个方面进行测度。财务可持续性方面要求既定水价下的供水收入要至少能够覆盖每期的供水成本，而物理方面贮水量必须不低于第一期或者上一期的水平。如果财务方面在消耗资源后获得了高收益，那么实际需求就要有足够的水供应量；如果物理可持续性方面提供了浪费性的低价和过高的水使用率，那么收益需求就会提升水的价格以抑制水的使用量并覆盖此期的财务成本。

4.2.2　第二层：社会效益目标

（1）社会公平目标。

秩序、公平和个人自由是法律制度的三个基本价值[228]，从法律意义上看，公平是一种理想的终极目标。所谓公平，是指社会成员所感知并认为是合理的一种社会状态。这种公平从某种程度上讲主要取决于此社会成员的感知，不同成员受文化素质、经济水平和社会阅历的不同而会产生不同的公平需求，而这种需求与其实际感知到的公平状态之间的差异就是其公平感，简称公平。公平在经济学中的解释为，收入分配的相对平等性，一方面要保证社会成员之间的收入差距不能太大，另一方面要求能够满足社会成员的基本生活需求。

关于水资源方面的公平主要包括水权公平、用水机会的公平、水资源分配过程的公平和水资源分配结果的公平四个方面。所谓水权公平是指社会成员的水权不因其职业、文化水平、经济收入、民族、性别和职位等方面的差别而有所不同，其合法的取水、用水、排水和水权交易等权利得到平等的尊重和保障。所谓用水机会公平是指社会成员能平等普遍地分享用水机会。所谓水资源分配过程公平，是指水资源分配过程公开透明，不允许任何人通过对水资源分配过程的控制而牟取不当的利益。所谓水资源分配结果公平，则主要指在水资源分配上要兼顾全体社会成员的利益，防止两极分化，以利于共同生存与发展。

但是，千百年以来，人们对于公平的认识一直没有达成学术共识并形成科学概念，几乎所有公平的概念均是模糊的，基本还不具备实践指导价值，在实践中如果要具体操作公平的测度时，还需要我们根据实际情况进行权衡分析。

（2）保证民众生存质量的粮食供给目标。

粮食安全是指能够保证任何人任何时候在某个范围内能够买得到

又能买得起，能保证其生存质量所需的基本食品，已经与水安全一样成为受国际社会广泛关注的全球性话题，与社会稳定、经济发展和国家安全关系密切。对于生态文明建设而言，并不是以建设狭义的生态文明为唯一目的，而是还要兼顾社会问题和经济问题。如果孤立地就生态问题论生态问题而忽视社会与经济问题，那么生态问题也不会进入一个健康轨道。因而，在进行生态文明建设的同时还要考虑其他文明的建设，还要考虑许许多多现实的问题，要兼顾多个目标，统筹多方面利益，辩证地看待生态与民众生存质量的关系问题，全面地理解生态问题与经济发展问题的辩证关系，用生态文明建设引领社会与经济文明建设，用社会与经济文明建设保障生态文明建设，形成良性互动机制，相辅相成，共同发展。

粮食生产与气候和水等生态问题具有非常强的因果联系，特别是在目前水资源持续严重短缺、气候异常反复发作、水土流失堪忧等生态环境困难有增无减的情况下，水安全问题已经成为直接影响粮食安全的关键因素。因而，沿海灌区应该如果配给水量，在多大比例上循环利用水体，在多大投入上淡化海水等问题需要重新研究，优化决策，突出生态文明、社会公平和粮食安全等问题，尝试找到缓解甚至解决上述难题的可行思路。

4.2.3　第三层：供水部门经济效益目标

不同国家和地区的资源条件和历史条件的差异需要采取适合的水资源定价方法。概而言之，现有的水资源定价方法非常多，其代表性的方法主要有影子价格法、成本核算法、市场定价法、一般均衡定价法等。一个供水企业如果能够生存下来，其售水收入至少应该能够完全覆盖其所有成本，包括生产成本、管理成本、财务成本等，这就是财务可持续性的最低要求。而对于企业而言，其运营的目的不仅限于成本的收回，而且还会有利润的诉求，因而供水部门不仅会设法与用水方进行博弈以获得更高水价，而且还会与国家相关部分进行博弈以获得更多补贴和更低税赋。显然，供水部门的目标与用水农户和国家都存在利益上的冲突，并且这种冲突是存在于各个过程和环节，需要一个复杂的机制进行协调，否则会产生多输的局面：即企业成本居高不下、农户用水价格居高不下、生态生水持续短缺严重……当然，如果通过多目标优化等模型和算法设计一个恰当的协调机制，那么供水企业方面的效益目标、农户方面的社会目标和国家方面的生态目标都可以最大限度地得到保证，实现可持续发展的目标。

4.3　模型构建

4.3.1　第三层面：供水部门经济效益目标优化表示

为了能够较好地描述供水市场的本质特征，类似于 Xin 和 Li[210]那样，做如下经济学假设：

假设 4 - 1：此沿海灌区仅有三类水的来源：（1）传统水源，地下水、河流、湖泊等；（2）污水处理达标后的水；（3）海水淡化达标后的水。

假设 4 - 2：此沿海灌区仅有三个供水寡头企业，分别用 X、Y 和 Z 表示。其中，供水企业 X 是传统的供水企业，它仅是从地下水或河流或者湖泊等传统的水源抽取水并供应灌区水市场；而供水企业 Y 实质是一个污水处理企业，它将回收的污水进行处理合格后，并重新提供给灌区水市场；而供水企业 Z 是一个海水淡化企业，它从沿海抽取海水并进行淡化处理合格后，并提供给灌区水市场，如图 4 - 2 所示。

假设 4 - 3：在时期 t 内，供水企业 X、Y 和 Z 的供水量分别是 q_1、q_2 和 q_3，故此沿海灌区水市场中的水供应总量为：

$$Q(t) = q_1(t) + q_2(t) + q_3(t) 。$$

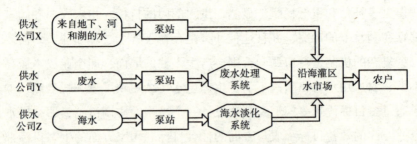

图 4 - 2　沿海灌区水供应示意图

假设 4 - 4：此沿海灌区水市场中的三个供水公司的线性需求函数采用如下形式：

$$p = f(Q) = a - bQ = a - b(q_1 + q_2 + q_3) 。$$

其中，p 是产品出清价格，系数 a，$b \geq 0$。

假设 4 - 5：供水企业 X、Y 和 Z 的生产成本函数分别为：

$$C_1(q_1) = c_1 q_1 ,$$

$$C_2(q_2) = c_2 q_2 ,$$

$$C_3(q_3) = c_3 q_3 。$$

其中，系数 c_1，c_2，$c_3 \geq 0$ 分别与供水企业 X、Y 和 Z 技术水平成反比。

因此，上述三个供水寡头企业的利润函数分别为：

$$\prod_1(q_1, q_2, q_3) = q_1(a - b(q_1 + q_2 + q_3)) - c_1 q_1$$

$$\prod_2(q_1, q_2, q_3) = q_2(a - b(q_1 + q_2 + q_3) + s_2) - c_2 q_2 \quad (4-1)$$

$$\prod_3(q_1, q_2, q_3) = q_3(a - b(q_1 + q_2 + q_3) + s_3) - c_3 q_3$$

其中，$s_2 \geq 0$ 是政府对污水处理企业的补贴系数，$s_3 \geq 0$ 是政府对海水淡化企业的补贴系数。

对 $\prod_1(q_1, q_2, q_3)$，$\prod_2(q_1, q_2, q_3)$，$\prod_3(q_1, q_2, q_3)$ 分别关于 q_1，q_2，q_3 求偏导数，可以分别得到供水企业 X、Y 和 Z 的边际利润为：

$$\Phi_1(t) = \frac{\partial \prod_1 (q_1, q_2, q_3)}{\partial q_1} = a - b(2q_1 + q_2 + q_3) - c_1$$

$$\Phi_2(t) = \frac{\partial \prod_2 (q_1; q_2, q_3)}{\partial q_2} = a - b(q_1 + 2q_2 + q_3) + s_2 - c_2$$

$$\Phi_3(t) = \frac{\partial \prod_3 (q_1, q_2, q_3)}{\partial q_3} = a - b(q_1 + q_2 + 2q_3) + s_3 - c_3$$

$$(4-2)$$

根据式（4-2），我们令 $\Phi_1(t) = 0, \Phi_2(t) = 0, \Phi_3(t) = 0$，可以非常容易地求出式（4-1）的最优水供应量（反应函数），如下所示：

$$q_1^* = \frac{a - b(q_2 + q_3) - c_1}{2b}$$

$$q_2^* = \frac{a - b(q_1 + q_3) - c_2 + s_2}{2b} \qquad (4-3)$$

$$q_3^* = \frac{a - b(q_1 + q_2) - c_3 + s_3}{2b}$$

由于上述三寡头供水市场中的每个供水企业的供水量对整个水市场的供给量都会有非常大的影响，因而每个企业在时期 t 就要提前对下一个时期的水需求量进行优化预测以达到利润最大化的目的。这就要求上述三寡头供水企业的每个企业在 $t+1$ 时期的供水量符合以下最优函数方程：

$$q_1(t+1) = \text{argmax} \prod_1 (q_1(t), q_2^{e1}(t+1), q_3^{e1}(t+1)),$$

$$q_2(t+1) = \text{argmax} \prod_2 (q_1^{e2}(t+1), q_2(t), q_3^{e2}(t+1)),$$

$$q_3(t+1) = \text{argmax} \prod_3 (q_1^{e3}(t+1), q_2^{e3}(t+1), q_3(t)) 。$$

其中，$q_i^e(t+1)$ 代表其他两个供水寡头企业对供水企业 i 在 $t+1$ 时期供水量的一个估值。

上述三个供水寡头企业 X、Y 和 Z 认为它们自己竞争对手在 $t+1$

时期的供水量与时期 t 的供水量是相同的，即：

$$q_1^{e_2}\ (t+1)\ = q_1^{e_3}\ (t+1)\ = q_1\ (t)$$

$$q_2^{e_1}\ (t+1)\ = q_2^{e_3}\ (t+1)\ = q_2\ (t) \qquad (4-4)$$

$$q_3^{e_1}\ (t+1)\ = q_3^{e_2}\ (t+1)\ = q_3\ (t)$$

为了能够较为形象地研究三个供水寡头企业，假定它们的决策规则不同，故再进行如下三个假设。

假设 4-6： 企业 X 是传统的供水企业，其进行供水量博弈时采用的是 Dixit 的"近视眼"策略，也就是说此供水企业是根据边际利润决定自身供水量的调整，其决策演化模型可采用如下形式：

$$q_1(t+1)\ = q_1(t)\ + \alpha_1 q_1(t)\frac{\partial \prod_1 (q_1,q_2,q_3)}{\partial q_1} \qquad (4-5)$$

假设 4-7： 企业 Y 是污水处理的供水企业，其进行供水量博弈时采用的是自适应策略，即企业 Y 在 $t+1$ 时期的供水量主要取决于它在时期 t 的产量和最优产量反应函数。这样，企业 Y 的供水量调整机制可以表示成如下形式：

$$q_2(t+1) = (1-\beta)q_2(t) + \beta q_2^* \qquad (4-6)$$

假设 4-8： 企业 Z 是海水淡化的供水企业，其进行供水量博弈时采用的是简单更改策略，即企业 Z 在 $t+1$ 时期的供水量主要取决于它的最优产量反应函数。这样，企业 Z 的供水量调整机制可以表示成如下形式：

$$q_3\ (t+1)\ = q_3^* \qquad (4-7)$$

因此，根据式（4-5）、式（4-6）和式（4-7），这个三寡头供水市场的产量博弈演化模型可以表示成如下形式：

$$\begin{cases} q_1(t+1) = q_1(t) + \alpha_1 q_1(t)(a - b(2q_1(t) + q_2(t) + q_3(t)) - c_1) \\ q_2(t+1) = (1-\beta)q_2(t) + \dfrac{\beta}{2b}(a - b(q_1(t) + q_3(t)) - c_2 + s_2) \\ q_3(t+1) = \dfrac{1}{2b}(a - b(q_1(t) + q_2(t)) - c_3 + s_3) \end{cases}$$

$$(4-8)$$

根据式 (4-1)，我们可知供水寡头企业的经济效益目标是一个多目标规划问题，可以表示成如下形式：

$$\max_{p,s_2,s_3} \left\{ \begin{array}{l} \displaystyle\sum_{t=1}^{T}(q_1(t)(p(t)-c_1)), \displaystyle\sum_{t=1}^{T}(q_2(t)(p(t)+s_2(t)-c_2)), \\ \displaystyle\sum_{t=1}^{T}(q_3(t)(p(t)+s_3(t)-c_3)) \end{array} \right\}$$

$$s.t. \begin{cases} q_1(t+1) = q_1(t) + \alpha_1 q_1(t)(a - b(2q_1(t) + q_2(t) + q_3(t)) - c_1) \\ q_2(t+1) = (1-\beta_2)q_2(t) + \dfrac{\beta_2}{2b}(a - b(q_1(t) + q_3(t)) - c_2 + s_2(t)) \\ q_3(t+1) = \dfrac{1}{2b}(a - b(q_1(t) + q_2(t)) - c_3 + s_3(t)) \\ q_1(t), q_2(t), q_3(t) \geqslant 0 \\ a, b, d, c_1, c_2, c_3, s_2, s_3, \alpha_1, \beta_2 > 0 \end{cases}$$

$$(4-9)$$

4.3.2　第二层面：社会效益目标优化的表示

社会效益目标非常多，但应该主要体现在社会公平与社会福利上。其中，社会公平主要关注的是人与人之间在水权方面的心理公平感知，当社会公平感比较强时，社会大众就会对社会有较高的认同感和满意度；相反，如果社会大众的社会公平感很差时，社会大众就会对这个社会有较低的认同感和满意度，进而会影响整个社会的幸福感，或者说社会公平的评价指标是一种间接的社会福利的评价指标。

从另一个角度讲，社会公平的关注是对人性的关怀，是社会发展到一定程度的必然选择。而社会福利的目标也非常多，但其测度的难度一般都非常大，为了易于测度社会福利，本书主要将社会福利用最直接的经济收益（如粮食产量）指标来度量。因为经济收益与社会福利、民众生存质量息息相关。从这个角度看，我们应该实现在灌溉水适度供给基础上的经济收益的最大化，以满足人民日益增长的对物质生活和精神生活需求。

（1）社会公平的测度方法。

Marsh 和 Schilling[229]认为，如果每个参与主体都能够按照其自身的贡献而获得相应的资源份额，那么这种资源分配方式就是公平的。这种提法肯定是有缺陷的，现在世界许多国家都将水权当成一个人权并用法律进行了明确规定，即不管这个社会成员对社会是否有贡献，其水权都不能剥夺。因为水权是一个人生来就应该赋予的权利，是生存权中的非常重要的一部分，而不应该以贡献的大小为依据进行分配。

因而，我们在考虑水资源分配是否公平时，既要考虑不同群体的支付能力，又要兼顾个体平等和基本需求。①一般而言，水价的预期水平和支付能力之间存在非常强的相关性，也就是说，某个群体的预期水价可以在一定程度上反映地区支付能力水平。②依照"平等人权论"，水权属于人人平等享有的基本的权利，在制定水价机制时要考虑到在一定程度上平等分配水权，要充分考虑个体间平等的机会和责任。③水权的分配应满足地区发展的基本需求，特别是需优先考虑水低消耗群体和低收入群体的利益。

前面我们已经提到，公平在很大程度上是一种感知，同一种资源分配机制，即使是同一层次的人也会有不同的公平感觉。并且，即使是同一个人，对此资源分配机制在不同时间、不同的地点、不同的情绪状态下的公平感知也很可能是不一样的。因而，对于公平这样一种测度的测量是一件非常困难的事。但是我们可以从反方向即不公平的角度进行测量，用其所感知的不公平程度来度量公平程度。关于不公平的测度方法，已经有很多学者从不同角度进行了研究。在资源配置的不公平测度研究文献[228,230]中，主要采用了如下两大类不公平指标：一类是极差、方差、变异系数、对数方差和相对平均偏差等；另一类是基尼系数、泰尔指数和阿特金森指数等[231]。

本书的不公平测度主要是基于人群划分的方法，可以分成三种类型的人：穷人、中等收入人群和富裕人群。但以上划分方法并不利于本书关于社会公平的研究，故又将人群划分为以下三种类型：水的耗费量以基本生活用水量为限的群体（也称为水低消费群体）、中等用水量的群体（也称为水中等消费群体）和高耗水群体（也称为水高消费群体）。并且，这三个人群对水价的容忍程度差别较大，即对同一水价的公平感不同。因而，我们可以将水价中考虑进不同阶层对水价容忍程度的差异。这样，我们给不同的群体制定不同的阶梯价格，即满足基本生活用水数量内的水价较低，而中等耗水量的水价就高一些，高耗水量的水价就会明显高许多，这样以期设计出全社会水价的最小不公平感的水价机制，即最优化的公平水价机制。

实际上，不管是某个群体的实际水价过大地高于其预期水价还是过大地低于其预期水价，都不利于社会公平机制的构建，因而本书的公平优化建模是以每个群体的实际水价与其平均预期水价的差的绝对值来度量不公平感，并让这个三个群体的差绝对值的和来表征整个社会不公平感的大小，最后求这个值的最小化。

具体建模过程如下：

$$\min_{p,k_u,k_m,k_l}\left\{\sum_{t=1}^{T}\left(\begin{array}{l}|u_u(t)(k_u(t)-k_{u0})|+|u_m(t)(k_m(t)-k_{m0})|\\+|u_l(t)(k_l(t)-k_{l0})|\end{array}\right)\right\}$$

$$s.t.\begin{cases}u_u(t)+u_m(t)+u_l(t)=q_1(t)+q_2(t)+q_3(t)\\u_u(t)k_u(t)+u_m(t)k_m(t)+u_l(t)k_l(t)=p(t)(q_1(t)+q_2(t)+q_3(t))\\u_u(t),u_m(t),u_l(t)>0\\k_u(t)>k_m(t)>k_l(t)>0\end{cases}$$

$$(4-10)$$

其中，$u_u(t)$ 代表水高消耗群体的水消耗量，$u_m(t)$ 代表水中等消耗群体的水消耗量，$u_l(t)$ 代表水低消耗群体的水消耗量，$k_u(t)$ 和 k_{u0} 分别代表水高消耗群体的实际与期望水价，$k_m(t)$ 和 k_{m0} 分别代表水中等消耗群体的实际与期望水价，$k_u(t)$ 和 k_{u0} 分别代表水低消耗群体的实际与期望水价。另外，考虑到沿海灌区会具有一定的贮水能力，因而约束条件 $u_u(t) + u_m(t) + u_l(t) = q_1(t) + q_2(t) + q_3(t)$ 表明农户消耗的水总量等于此超过供水寡头企业提供的水量，而考虑到水在传输过程中的损耗，故 $u_u(t)k_u(t) + u_m(t)k_m(t) + u_l(t)k_l(t) = (q_1(t) + q_2(t) + q_3(t))p(t)$ 表示农户的用水总支出等于供水寡头企业的收入。

运用运筹与优化的理论和方法，我们可以从式（4-10）中得出针对三个群体的水价，设计出一个三个层次的阶梯水价体系，不仅能够满足不同群体对水资源的需求特别是基本需求，还能体现对不同群体的水权尊重，还可以兼顾不同群体的支付能力。

（2）保证民众生存质量的粮食供给目标。

节约用水是为了生态的可持续发展，兼顾代际公平，但如果为节约用水而节约用水，灌区经济运转方面水的基本需求量得不到满足，基本的经济项目得不到应有的支撑，经济收入就无法正常保障，进而会影响社会民众的生活质量。从这个角度讲，我们在考虑通过水价节约控制用水量时，还要考虑农户会有动机购买足够的水去运营经济项目，保证足够的粮食产量等社会民众所必需的经济基础。所以我们要设置一个经济项目用水的最低限，即不管设计怎样的水价机制，都不应该影响基本需求的经济项目的运转。本书受 Ward、Pulido-Velázquez[215] 和 Roseta-Palma[232] 等学者的启发，采用二次函数形式来表征粮食产量与灌溉水的需求量的关系，具体建模过程如下：

$$\max_{x} \quad BX(t) = c - hx(t) + ex^2(t)$$

$$s.t. \quad \begin{cases} x(t) = u_u(t) + u_m(t) + u_l(t) \\ c, e, h > 0 \end{cases} \tag{4-11}$$

其中，$x(t)$ 代表沿海灌区的总耗水量，$BX(t)$ 代表消耗水而产生的经济收益，c，h 和 e 代表经济收益函数的常数项、一次项和二次项系数。$x(t)=u_u(t)+u_m(t)+u_l(t)$ 表示灌区消耗的水总量等于三个层次农户的消耗水总量简单相加。

4.3.3　第一层面：生态效益目标优化的表示

可持续发展问题是一个关于代际公平的问题，是关系子孙后代的大事，是人类社会的一个集体理性的选择，越来越得到国家层面的重视。但是从当今的每一个个体或部门来看，使用绿色产品、以绿色方式生活和采用绿色生产模式都要比传统的方式花费更大的成本，故从个体理性的角度看，其最佳理性是采用传统的能够给自己降低成本提高经济性的传统产品和生活生产方式，但这对生态文明是不利的。这就是集体理性与个体理性的冲突，是"公共地悲剧"现象，这就是需要国家设计一个有效的机制来管理这类问题，达到集体理性与个体理性的协调效应。

本书就是尝试从国家的角度设计一个有效的价格机制，去协调供水寡头企业的供水行为决策与农户的消费水的行为决策，以使此沿海灌区能够达到可持续发展的效果，实现生态文明的目的。然而，生态文明的评价指标非常繁杂，至今并没有一个得到广泛认可的评价体系。基于此，我们只能抓住几个关键指标来表征生态文明目标的优化问题。例如，生态文明要求要保证农户的基本水需求和其经济项目的运营，但不能不顾及生态用水，如起环境调节作用的树木的供水、野生动物基本的水需求等。因而，我们用基本生态水量的保护作为生态文明的关键指标进行优化处理。不管是污水处理还是淡化海水，都可以缓解水短缺问题，但如果淡化水的数量太多可能也会破坏生态问题。因而，对于污水处理来说，处理的比率越高越好，净化水的数量或者比率对于生态文明非常关键。具体建模过程如下所示：

$$\min_{q_1,q_2,q_3} \quad \left\{ \left| w_0 - q_1(t) + q_2(t) + q_3(t) \right|, -\frac{q_2(t)}{q_1(t)} \right\} \quad (4-12)$$

其中，w_0 代表生态文明导向下沿海灌区传统水源的最优供水能力。如前所述，$q_1(t)$ 表示供水寡头企业 X 从传统水源中汲取水的数量，$q_2(t)$ 代表污水处理企业 Y 净化后的合格水的总量，$q_3(t)$ 是淡化水企业 Z 淡化后的合格水的问量。

4.3.4 模型的整体表示

综上所述，生态文明导向的沿海灌区水价优化模型可以汇总为如下形式：

既然污水处理水的数量或者水的循环利用比率对于生态文明建设来说是头等重要的，具体的策略可以比较简洁地体现在第一层模型之中，即：

[第一层]

$$\max_{q_1,q_2,q_3} \quad \left\{ \begin{array}{l} f_{11} = -\left| w_0 - q_1(t) + q_2(t) + q_3(t) \right|, \\ f_{12} = \dfrac{q_2(t)}{q_1(t)} \end{array} \right\}$$

$$(4-13)$$

$$s.t. \quad \left\{ \begin{array}{l} q_1(t), \ q_2(t), \ q_3(t) \geq 0 \\ w_0 > 0 \end{array} \right.$$

其中，三个供水寡头企业的供水量 $q_1(t), q_2(t), q_3(t)$ 还要满足以下条件：资金流的平衡条件 $u_u(t) k_u(t) + u_m(t) k_m(t) + u_l(t) k_l(t) = (q_1(t) + q_2(t) + q_3(t)) p(t)$ 和供水量的平衡条件 $u_u(t) + u_m(t) + u_l(t) = q_1(t) + q_2(t) + q_3(t)$。而且，三寡头供水企业的产量决策主要是建立在水价的基础之上的，而水价 p 和不同水消费群体的水价格 k_u, k_m, k_l 可以从如下模型中求得：

[第二层]

$$
\max_{p,k_u,k_m,k_l}
\begin{cases}
f_{21} = -\sum_{t=1}^{T}\big(\,|\,u_u(t)(k_u(t)-k_{u0})\,| + |\,u_m(t)(k_m(t)-k_{m0})\,|\big) \\
\qquad + |\,u_l(t)(k_l(t)-k_{l0})\,|\big), \\
f_{22} = c - h(u_u(t)+u_m(t)+u_l(t)) + e(u_u(t) \\
\qquad + u_m(t)+u_l(t))^2
\end{cases}
$$

$$
s.t.
\begin{cases}
u_u(t)+u_m(t)+u_l(t) = q_1(t)+q_2(t)+q_3(t) \\
u_u(t)k_u(t)+u_m(t)k_m(t)+u_l(t)k_l(t) \\
= (q_1(t)+q_2(t)+q_3(t))p(t) \\
u_u(t),u_m(t),u_l(t) > 0 \\
k_u(t) > k_m(t) > k_l(t) > 0 \\
c,e,h > 0
\end{cases}
$$

$$(4-14)$$

其中，海水淡化水是可以很好地调节水市场的用水量，可以视为传统供水与循环利用水资源的一种非常重要的补充，特别在沿海地区丰富的海水资源与稀缺的淡水资源现时并存，如果用优势来弥补劣势，将海水淡化成可以利用的淡水将是沿海地区非常有意义的一个命题。另外，污水处理不仅能够净化环境还可以提供新的水供应。这样，政府可以通过调整补贴调整三个寡头供水企业的供应量，如下所示：

[第三层]

$$
\max_{p,s_2,s_3}
\begin{cases}
f_{31} = \sum_{t=1}^{T}(q_1(t)(p(t)-c_1)) \\
f_{32} = \sum_{t=1}^{T}(q_2(t)(p(t)+s_2(t)-c_2)) \\
f_{33} = \sum_{t=1}^{T}(q_3(t)(p(t)+s_3(t)-c_3))
\end{cases}
$$

$$s.t. \begin{cases} q_1(t+1) = q_1(t) + \alpha_1 q_1(t)(a - b(2q_1(t) + q_2(t) + q_3(t)) - c_1) \\[2mm] q_2(t+1) = (1 - \beta_2)q_2(t) + \dfrac{\beta_2}{2b}(a - b(q_1(t) + q_3(t)) - c_2 + s_2(t)) \\[2mm] q_3(t+1) = \dfrac{1}{2b}(a - b(q_1(t) + q_2(t)) - c_3 + s_3(t)) \\[2mm] p(t), s_2(t), s_3(t) \geqslant 0 \\[2mm] a, b, d, c_1, c_2, c_3, s_2, s_3, \alpha_1, \beta_2 > 0 \end{cases}$$

$$(4-15)$$

4.4 生态文明导向灌区水价优化模型的求解思路

4.4.1 方法评述

一般来说，多层规划本质上属于非凸非可微问题，对于多层线性规划问题的研究多数集中在双层规划问题的研究。Ben-Ayed 和 Blair 研究表明，即便是双层线性规划问题也多是 NP-hard 问题[233]，更不用说本书是一个多层次多目标的非线性规划问题了。因而，对于本书这样一个 NP 难题来说，寻求一个有效的求解方法就显得尤为重要，因为如果模型不能求解，那么此模型几乎就失去其实际价值。

对于求解部分双层和多层线性规划模型已经出现了很多比较成熟的方法：

1. 极点枚举搜索法

极点枚举搜索法是基于多层规划的以下性质提出的：对于上层无约束且其所有各级下层都均有唯一解的线性多层规划的最优解的个数肯定是有限的，而且这些最优解也肯定是出现在约束集的某一个极点。针对这种特点，Bialas[234]（1984）、KarWan 和 Bard[235]（1984）等已经对其进行了严格证明，并且对于多层多目标规划的特例——二层规划是早在 1982 年就由 Candler 和 Townsley[236] 提出的。极点枚举搜索法的优点是能够保证找到最优解，缺点有二：一是如果是非线性多层规划就会使此方法失效；二是如果极点数量过大就会使此算法的计算量过大而显得无效率。

2. K-T 转化法

这种方法是通过和 K-T 条件将各级下层进行转化，进而忽略或者松弛一些非线性约束，最后将多层规划问题转化成一个单层的数学规划问题[237]。这两种方法虽然都能够保证求得全局最优解，但计算量也是非常大，在工程和管理实践中困难还是非常大。

3. 罚函数法

这种方法的主要思路是将多层线性规划问题逐级转化为含有内部罚函数[238]或者混合罚函数的单层无约束的非线性数学规划问题[239]，然后再对转化后的简单形式进行常规求解。但是多层非线性规划问题本身固有的非凸性决定了此方法难以求得全局最优解[240]。

4. 梯度下降法

这种方法在本质上是一种迭代算法，首先是要设计一种算法提取下层问题对上层决策变量的梯度信息，然后利用这些梯度信息向上逐级设计能够上层目标函数减小的一组点。

5. 智能优化算法

这类方法主要运用各类智能算法，如演化算法、蚁群算法、模拟退化算法、离子群算法和遗传算法等[241,242]，寻找最优值，以达到解决相关优化问题。这类方法的优点在于适用性非常广，但其也有非常明显的缺点，即此类算法的收敛性一般不能保证。

6. 模糊数学方法

由于多层规划的各层目标之间存在着非常明显的矛盾冲突性和不同程度的不可公度性，这使我们对于整体目标的优化目标的实现面临很多矛盾。相关文献研究表明，模糊集理论与多层目标之间的互容性具有非常相似的特点[243-245]，在很大程度上具有非常强的相互解释性，可以用模糊数据来解决多层目标之间的协调问题[246,247]。模糊数学方法特别是其变种，对多层次多目标非线性问题有着非常明显的优势[248-251]。

4.4.2　求解思路

本部分主要介绍基于模糊满意度的多层次多目标非线性规划的本书模型的求解算法。将多层次多目标中的决策变量满意度和各目标的满意度都用隶属度来表示，这样就可以运用多层次多目标非线性原理与模糊数学的理论，将多层多目标决策问题转化成为一个单层单目标的非线性优化问题。

根据 Osmana 等[248]的研究结果，我们将具体步骤描述如下：

第 1 步：三层决策者均不考虑其他层的决策对自己的影响而分别各自仅考虑自身优化问题如下，并求得它们各自理想解。

1. 第一层决策者通过求解

$$\min_{q_1,q_2,q_3} \left\{ \begin{array}{l} f_{11} = |w_0 - q_1(t) + q_2(t) + q_3(t)|, \\ f_{12} = -\dfrac{q_2(t)}{q_1(t)} \end{array} \right\}$$

$$s.t. \left\{ \begin{array}{l} q_1(t), q_2(t), q_3(t) \geqslant 0, \\ w_0 > 0。 \end{array} \right.$$

得到其理想解为 $(q_1^A, q_2^A, q_3^A, f_{11}^A, f_{12}^A, \alpha^A)$，其中 α^F 分别为第一层决策者的满意度值，$f_{11}^A, f_{12}^A, \alpha^A$ 是通过以下方式求得。

（1）求得第一层两个目标中的最好解和最差解。如下：

$$f_{11}^+ = \max f_{11}, \quad f_{11}^- = \min f_{11}, \quad f_{12}^+ = \max f_{12}, \quad f_{12}^- = \min f_{12}。$$

（2）f_{11}, f_{12} 的隶属度函数可以表示为：

$$\mu(f_{11}) = \begin{cases} 1, & if \quad f_{11} > f_{11}^+, \\ \dfrac{f_{11} - f_{11}^-}{f_{11}^+ - f_{11}^-}, & if \quad f_{11}^- \leqslant f_{11} \leqslant f_{11}^+, \\ 0, & if \quad f_{11} \leqslant f_{11}^-, \end{cases}$$

$$\mu(f_{12}) = \begin{cases} 1, & if \quad f_{12} > f_{12}^+, \\ \dfrac{f_{12} - f_{12}^-}{f_{12}^+ - f_{12}^-}, & if \quad f_{12}^- \leqslant f_{12} \leqslant f_{12}^+, \\ 0, & if \quad f_{12} \leqslant f_{12}^-。 \end{cases}$$

（3）通过求解以下 Tchebycheff 问题[252-255]，可以得到第一层的上述理想解（q_1^A, q_2^A, q_3^A, f_{11}^A, f_{12}^A, α^A）：

$$\max \alpha$$

$$s.t. \begin{cases} \mu(f_{11}) \geqslant \alpha, \\ \mu(f_{12}) \geqslant \alpha, \\ \alpha \in [0,1], \\ q_1(t), q_2(t), q_3(t) \geqslant 0, \\ w_0 > 0。 \end{cases}$$

2. 第二层决策者通过求解

$$\max_{q_1, q_2, q_3, p, k_u, k_m, k_l} \left\{ \begin{aligned} f_{21} &= \sum_{t=1}^{T} \left(\begin{aligned} &|u_u(t)(k_u(t) - k_{u0})| + |u_m(t)(k_m(t) - k_{m0})| \\ &+ |u_l(t)(k_l(t) - k_{l0})| \end{aligned} \right), \\ f_{22} &= c - h(u_u(t) + u_m(t) + u_l(t)) + e(u_u(t) + u_m(t) + u_l(t))^2 \end{aligned} \right\}$$

$$s.t. \begin{cases} u_u(t) + u_m(t) + u_l(t) = q_1(t) + q_2(t) + q_3(t), \\ u_u(t)k_u(t) + u_m(t)k_m(t) + u_l(t)k_l(t) \\ \quad = (q_1(t) + q_2(t) + q_3(t))p(t), \\ u_u(t), u_m(t), u_l(t) > 0, \\ k_u(t) > k_m(t) > k_l(t) > 0, \\ c, h, e > 0。 \end{cases}$$

得到其理想解为（q_1^B，q_2^B，q_3^B，p^B，k_l^B，k_m^B，k_u^B，f_{22}^B，f_{21}^B，f_{22}^B，β^B），其中 β^B 分别为第二层决策者的满意度值，f_{21}^B，f_{22}^B，β^B 是通过以下方式求得。

（1）求得第二层两个目标中的最好解和最差解，如下：

$$f_{21}^+ = \max f_{21}, \quad f_{21}^- = \min f_{21}, \quad f_{22}^+ = \max f_{22}, \quad f_{22}^- = \min f_{22} \text{。}$$

（2）f_{21}，f_{22} 的隶属度函数可以表示为：

$$\mu(f_{21}) = \begin{cases} 1, & if & f_{21} > f_{21}^+ \\ \dfrac{f_{21} - f_{21}^-}{f_{21}^+ - f_{21}^-}, & if & f_{21}^- \leqslant f_{21} \leqslant f_{21}^+ \\ 0, & if & f_{21} \leqslant f_{21}^- \end{cases} \quad (4-16)$$

$$\mu(f_{22}) = \begin{cases} 1, & if & f_{22} > f_{22}^+ \\ \dfrac{f_{22} - f_{22}^-}{f_{22}^+ - f_{22}^-}, & if & f_{22}^- \leqslant f_{22} \leqslant f_{22}^+ \\ 0, & if & f_{22} \leqslant f_{22}^- \end{cases} \quad (4-17)$$

（3）通过求解以下 Tchebycheff 问题，可以得到第二层的上述理想解（q_1^S，q_2^S，q_3^S，f_{21}^S，f_{22}^S，β^S）：

$$\max \beta$$

$$s.t. \begin{cases} \mu(f_{21}) \geqslant \beta \\ \mu(f_{22}) \geqslant \beta \\ \beta \in [0,1] \\ u_u(t) + u_m(t) + u_l(t) = q_1(t) + q_2(t) + q_3(t) \\ u_u(t)k_u(t) + u_m(t)k_m(t) + u_l(t)k_l(t) \\ \quad = (q_1(t) + q_2(t) + q_3(t))p(t) \\ u_u(t), u_m(t), u_l(t) > 0 \\ k_u(t) > k_m(t) > k_l(t) > 0 \\ c, h, e > 0 \end{cases}$$

$$(4-18)$$

3. 第三层决策者通过求解

$$\max_{p,s_2,s_3,q_1,q_2,q_3} \begin{cases} f_{31} = \sum_{t=1}^{T}(q_1(t)(p(t)-c_1)), \\[2mm] f_{32} = \sum_{t=1}^{T}(q_2(t)(p(t)-c_2)), \\[2mm] f_{33} = \sum_{t=1}^{T}(q_3(t)(p(t)-c_3)), \end{cases}$$

$$s.t. \begin{cases} q_1(t+1) = q_1(t) + \alpha_1 q_1(t)(a - b(2q_1(t)+q_2(t)+q_3(t)) - c_1), \\[2mm] q_2(t+1) = (1-\beta_2)q_2(t) + \dfrac{\beta_2}{2b}(a - b(q_1(t)+q_3(t)) - c_2 + s_2), \\[2mm] q_3(t+1) = \dfrac{1}{2b}(a - b(q_1(t)+q_2(t)) - c_3 + s_3(t)), \\[2mm] p(t), q_1(t), q_2(t), q_3(t), s_2(t), s_3(t) \geq 0, \\[2mm] a,b,d,c_1,c_2,c_3,s_2,s_3,\alpha_1,\beta_2 > 0。 \end{cases}$$

得到其理想解为 $(q_1^c, q_2^c, q_3^c, p^c, s_2^c, s_3^c, f_{31}^c, f_{32}^c, f_{33}^c, \gamma^c)$，其中 γ^c 分别为第三层决策者的满意度值，$f_{31}^c, f_{32}^c, f_{33}^c, \gamma^c$ 是通过以下方式求得。

（1）求得第三层两个目标中的最好解和最差解，如下：

$$f_{31}^+ = \max f_{31}, \quad f_{31}^- = \min f_{31}, \quad f_{32}^+ = \max f_{32}, \quad f_{33}^- = \min f_{33}。$$

（2）f_{31}, f_{32}, f_{33} 的隶属度函数可以表示为：

$$\mu(f_{31}) = \begin{cases} 1, & if \quad f_{31} > f_{31}^+ \\[2mm] \dfrac{f_{31}-f_{31}^-}{f_{31}^+-f_{31}^-}, & if \quad f_{31}^- \leq f_{31} \leq f_{31}^+ \\[2mm] 0, & if \quad f_{31} \leq f_{31}^- \end{cases} \qquad (4-19)$$

$$\mu\ (f_{32})\ = \begin{cases} 1, & if \quad f_{32} > f_{32}^+ \\ \dfrac{f_{32} - f_{32}^-}{f_{32}^+ - f_{32}^-}, & if \quad f_{32}^- \leqslant f_{32} \leqslant f_{32}^+ \\ 0, & if \quad f_{32} \leqslant f_{32}^- \end{cases} \qquad (4-20)$$

$$\mu\ (f_{33})\ = \begin{cases} 1, & if \quad f_{33} > f_{33}^+ \\ \dfrac{f_{33} - f_{33}^-}{f_{33}^+ - f_{33}^-}, & if \quad f_{33}^- \leqslant f_{33} \leqslant f_{33}^+ \\ 0, & if \quad f_{33} \leqslant f_{33}^- \end{cases} \qquad (4-21)$$

（3）通过求解以下 Tchebycheff 问题，可以得到第三层的上述理想解 $(q_1^C,\ q_2^C,\ q_3^C,\ p^C,\ s_2^C,\ s_3^C,\ f_{31}^C,\ f_{32}^C,\ f_{33}^C,\ \gamma^C)$：

$$\max\ \gamma$$

$$s.t. \begin{cases} \mu(f_{31}) \geqslant \gamma \\ \mu(f_{32}) \geqslant \gamma \\ \mu(f_{33}) \geqslant \gamma \\ \gamma \in [0,1] \\ q_1(t+1) = q_1(t) + \alpha_1 q_1(t)(a - b(2q_1(t) + q_2(t) + q_3(t)) - c_1) \\ q_2(t+1) = (1 - \beta_2)q_2(t) + \dfrac{\beta_2}{2b}(a - b(q_1(t) + q_3(t)) - c_2 + s_2) \\ q_3(t+1) = \dfrac{1}{2b}(a - b(q_1(t) + q_2(t)) - c_3 + s_3(t)) \\ p(t), q_1(t), q_2(t), q_3(t), s_2(t), s_3(t) \geqslant 0 \\ a, b, d, c_1, c_2, c_3, s_2, s_3, \alpha_1, \beta_2 > 0 \end{cases}$$

$$(4-22)$$

如果 $(q_1^A,\ q_2^A,\ q_3^A) = (q_1^B,\ q_2^B,\ q_3^B) = (q_1^C,\ q_2^C,\ q_3^C)$ 成立，则其为最优解，问题解决。但是，出现这种情形的可能性非常小。多数情况是三层决策者的目标有冲突，这样上一层决策者就要充分考虑下一层的利益而使其目标的容忍范围比原来扩大一些，即取次优解，这样，下一层决策者的决策空间就更大，就更容易找到一个既满足自己的目标又满足上一级决策者的目标的解。

第 2 步：三层决策者考虑其他层的决策对自己的影响而分别各自确定其目标隶属度函数。

如果 $(q_1^A, q_2^A, q_3^A) \neq (q_1^B, q_2^B, q_3^B) \neq (q_1^C, q_2^C, q_3^C)$，那么第一和第二层决策者都应该会理性地清楚第三层决策者不可能完全采用第一和第二层决策者的优化解 (q_1^A, q_2^A, q_3^A) 和 (q_1^B, q_2^B, q_3^B)，故第一和第二层决策者的理性选择是给第三层决策者更大的搜索范围并得到其优化解。具体操作如下所示：

第一层决策者扩大其容忍范围，令 q_2 的范围扩大为 $[q_2^A - t_1, q_2^A + t_1]$，是单调递增的，$q_2^A - t_1$ 是第一层决策者可以接受 q_2 的取值中最差的一个，而 $q_2^A + t_1$ 是第一层决策者可以接受的取值中最好的一个。这样，我们可得 q_2 的隶属函数如下：

$$
\mu(q_2) = \begin{cases} \dfrac{q_2 - (q_2^A - t_1)}{t_1}, & q_2^A - t_1 \leqslant q_2 \leqslant q_2^A \\[2mm] \dfrac{(q_2^A + t_1) - q_2}{t_1}, & q_2^A \leqslant q_2 \leqslant q_2^A + t_1 \end{cases} \tag{4-23}
$$

同理，第二层决策者扩大其容忍范围令 q_1 的范围扩大为 $[q_1^B - t_2, q_1^B + t_2]$，并且可得 q_1 的隶属函数：

$$
\mu(q_1) = \begin{cases} \dfrac{q_1 - (q_1^B - t_2)}{t_2}, & q_1^B - t_2 \leqslant q_1 \leqslant q_1^B \\[2mm] \dfrac{(q_1^B + t_2) - q_1}{t_2}, & q_1^B \leqslant q_1 \leqslant q_1^B + t_2 \end{cases} \tag{4-24}
$$

4. 第一层决策者的目标隶属度函数

第一层决策者会绝对接受 $f_{11} \geqslant f_{11}^A$ 和 $f_{12} \geqslant f_{12}^A$ 的情形，但绝对不会接受 $f_{11} < f'_{11} = f_{11}(q_1^B, q_2^B, q_3^B)$ 和 $f_{12} < f'_{12} = f_{12}(q_1^B, q_2^B, q_3^B)$ 的

情形，并且其偏好是在区间 $[f'_{11}, f^A_{11}]$ 和 $[f'_{12}, f^A_{12}]$ 内线性递增的。这也说明，在现实世界中，第一层决策者对于第二层决策者反馈的最优值（q^B_1, q^B_2, q^B_3）不感兴趣，因为这令其取得的目标值是其期望中最小的一种情形。由此，我们可以得到第一层决策者目标的隶属度函数如下所示：

$$\mu'(f_{11}) = \begin{cases} 1, & if \quad f_{11} > f^A_{11} \\ \dfrac{f_{11} - f'_{11}}{f^A_{11} - f'_{11}}, & if \quad f'_{11} \leqslant f_{11} \leqslant f^A_{11} \\ 0, & if \quad f_{11} \leqslant f'_{11} \end{cases} \quad (4-25)$$

$$\mu'(f_{12}) = \begin{cases} 1, & if \quad f_{12} > f^A_{12} \\ \dfrac{f_{12} - f'_{12}}{f^A_{12} - f'_{12}}, & if \quad f'_{12} \leqslant f_{12} \leqslant f^A_{12} \\ 0, & if \quad f_{12} \leqslant f'_{12} \end{cases} \quad (4-26)$$

5. 第二层决策者的目标隶属度函数

第二层决策者会绝对接受 $f_{21} \geqslant f^B_{21}$ 和 $f_{22} \geqslant f^B_{22}$ 的情形，但绝对不会接受 $f_{21} < f'_{21} = f_{21}$（$q^C_1, q^C_2, q^C_3$）和 $f_{22} < f'_{22} = f_{22}$（$q^C_1, q^C_2, q^C_3$）的情形，并且其偏好是在区间 $[f'_{21}, f^A_{21}]$ 和 $[f'_{22}, f^A_{22}]$ 内线性递增的。这也说明，在现实世界中，第二层决策者对于第三层决策者反馈的最优值（q^C_1, q^C_2, q^C_3）不感兴趣，因为这令其取得的目标值是其期望中最小的一种情形。因为此层的第一个目标函数 f_{21} 中不涉及供水量的问题，因而它为被动决策者，其决策不影响产量与价格的最优问题，故此目标值可以根据供水量与价格进行决策，在此不再研究其隶属度问题。由此，我们可以得到第二层决策者第二个目标的隶属度函数如下所示：

$$\mu'(f_{22}) = \begin{cases} 1, & if \quad f_{22} > f^B_{22} \\ \dfrac{f_{22} - f'_{22}}{f^B_{22} - f'_{22}}, & if \quad f'_{22} \leqslant f_{22} \leqslant f^B_{22} \\ 0, & if \quad f_{22} \leqslant f'_{22} \end{cases} \quad (4-27)$$

6. 第三层决策者的目标隶属度函数

第三层决策者也需要构建其目标的隶属度函数，以便能够定量评价其候选解的满意度。基于这个考虑，第三层决策者的隶属度函数可以描述如下：

$$\mu'(f_{31}) = \begin{cases} 1, & if \quad f_{31} > f_{31}^C \\ \dfrac{f_{31} - f'_{31}}{f_{31}^C - f'_{31}}, & if \quad f'_{31} \leqslant f_{31} \leqslant f_{31}^C \\ 0, & if \quad f_{31} \leqslant f'_{31} \end{cases} \quad (4-28)$$

$$\mu'(f_{32}) = \begin{cases} 1, & if \quad f_{32} > f_{32}^C \\ \dfrac{f_{32} - f'_{32}}{f_{32}^C - f'_{32}}, & if \quad f'_{32} \leqslant f_{32} \leqslant f_{32}^C \\ 0, & if \quad f_{32} \leqslant f'_{32} \end{cases} \quad (4-29)$$

$$\mu'(f_{33}) = \begin{cases} 1, & if \quad f_{33} > f_{33}^C \\ \dfrac{f_{33} - f'_{33}}{f_{33}^C - f'_{33}}, & if \quad f'_{33} \leqslant f_{33} \leqslant f_{33}^C \\ 0, & if \quad f_{33} \leqslant f'_{33} \end{cases} \quad (4-30)$$

其中，$f'_{11} = f_{31}(q_1^B, q_2^B, q_3^B)$，$f'_{32} = f_{32}(q_1^B, q_2^B, q_3^B)$，$f'_{33} = f_{33}(q_1^B, q_2^B, q_3^B)$。

通过求解以下 Tchebycheff 问题，可以得到使整个模型达到 Pareto 最优的满意解。这样，我们就成功地将一个多层多目标非线性动态规划问题转化为一个单层次单目标的非线性动态规划问题，如下所示：

$\max \delta$

$$s.t. \begin{cases} \dfrac{q_2 - (q_2^A - t_1)}{t_1} \geq \delta l \\[3mm] \dfrac{(q_2^A + t_1) - q_2}{t_1} \geq \delta l \\[3mm] \dfrac{q_1 - (q_1^B - t_2)}{t_2} \geq \delta l \\[3mm] \dfrac{(q_1^B + t_2) - q_1}{t_2} \geq \delta l \\[3mm] \mu'(f_{1i}) \geq \delta, i = 1,2 \\[2mm] \mu'(f_{22}) \geq \delta \\[2mm] \mu'(f_{3k}) \geq \delta, k = 1,2,3 \\[2mm] q_1(t+1) = q_1(t) + \alpha_1 q_1(t)(a - b(2q_1(t) + q_2(t) + q_3(t)) - c_1) \\[2mm] q_2(t+1) = (1 - \beta_2)q_2(t) + \dfrac{\beta_2}{2b}(a - b(q_1(t) + q_3(t)) - c_2 + s_2) \\[3mm] q_3(t+1) = \dfrac{1}{2b}(a - b(q_1(t) + q_2(t)) - c_3 + s_3(t)) \\[3mm] u_u(t) + u_m(t) + u_l(t) = q_1(t) + q_2(t) + q_3(t) \\[2mm] u_u(t)k_u(t) + u_m(t)k_m(t) + u_l(t)k_l(t) = (q_1(t) + q_2(t) + q_3(t))p(t) \\[2mm] p(t),q_1(t),q_2(t),q_3(t),s_2(t),s_3(t),u_u(t),u_m(t),u_l(t),k_u(t),k_m(t),k_l(t) \geq 0 \\[2mm] a,b,c,d,e,h,c_1,c_2,c_3,w_0,\alpha_1,\beta_2 > 0 \\[2mm] \delta \in [0,1] \end{cases}$$

$$(4-31)$$

其中，δ 为总体满意度，I 为列单位向量。通过求解以上模型，我们可以得到整体的供水量和供水价格及总体满意度。

根据以上结果可以通过如下模型求解不同行业的最优阶梯水价：

$$\min_{k_u,k_m,k_l}\left\{-\sum_{t=1}^{T}\left(\,|\,u_u(t)(k_u(t)-k_{u0})\,|+|\,u_m(t)(k_m(t)-k_{m0})\,|\right.\right.$$
$$\left.\left.+\,|\,u_l(t)(k_l(t)-k_{l0})\,|\right)\right\}$$

$$s.t.\begin{cases} u_u(t)+u_m(t)+u_l(t)=q_1(t)+q_2(t)+q_3(t) \\ u_u(t)k_u(t)+u_m(t)k_m(t)+u_l(t)k_l(t)=(q_1(t)+q_2(t)+q_3(t))p(t) \\ u_u(t),u_m(t),u_l(t)>0 \\ k_u(t)>k_m(t)>k_l(t)>0 \\ c,e,h>0 \end{cases}$$

$$(4-32)$$

4.5　本章小结

（1）构建了沿海灌区多层次多目标非线性的水价优化模型。

通过系统论的方法分析沿海灌区的多层次多目标非线性的特征，分解生态效益目标、社会效益目标和经济效益目标，构建了能反映问题本质特征的水价优化模型，较为全面地反映了生态文明的内在要求和国家发展的政策导向。

（2）分析沿海灌区水寡头定价博弈演化模型的复杂性特征。

运用分岔与混沌理论，从理论与数值两个角度，揭示了三个供水企业寡头在实现自身利益最大化的准则下进行博弈的行为复杂性，解析了三寡头博弈行为的相互影响，使我们对于水价优化的复杂性有了更加清楚的认识。

（3）基于模糊与满意度理论的多层次多目标非线性模型的求解思路。

运用模糊数学理论与满意度容差理论，对多层次多目标非线性模型进行转化，最终成为一个单层次单目标非线性优化模型。此方法有时需要与遗传算法或演化算法等智能算法相结合，以提高求解效率。

第5章 生态文明导向的沿海灌区水价优化的实例分析
——以垦利灌区为例

本章以山东省东营市垦利县为例，从生态文明导向对水价优化进行实证研究，就垦利灌区水的成本核算、水价改革及相关的投融资、补贴政策、产业政策、区域政策等支持体系，分阶段分层次提出具体建议。

5.1 垦利灌区水资源及其相关政策概述

垦利灌区位于山东省东北部黄河三角洲地区的黄河最下游入海口处的垦利县，黄河流经全县注入莱州湾。垦利县总面积 2204 平方公里，全县辖区 5 个乡镇、2 个街道办事处和 1 个省级经济开发区，总人口 24.82 万人，耕地面积 70 万亩，2014 年实现生产总值 345.9 亿元。全县多年平均降水 535 毫米。垦利全县建成引、提黄河水闸、站 12 座，设计引、提水能力 213.1 立方米/秒。依托这些引黄设施，配套建设干渠 200 余公里，支渠 1000 余公里，灌溉面积达 47 万亩，现共有水库 98 座，设计库容 1.41 亿立方米；中型水库有 3 座，总设计蓄水量 7972 万立方米，其中永镇水库和东张水库经改造后，蓄水能力分别达到 3972 和 2500 万立方米；骨干河道拦河闸 3 座，总蓄水能力 450 万立方米。加上小型坑塘，全县总蓄水能力达 1.5 亿立方米。境内主要有 10 条排水渠，总长约 230.92 公里，呈东西方向，均匀地分布在县境内。

5.1.1 灌区概况

根据引黄闸、干支渠、水库、坑塘等分布情况，把垦利灌区从东到西分为 7 大子灌区，分别为曹店灌区、路庄灌区、胜利灌区、双河灌区、十八户灌区、五七灌区和垦东灌区，而这些灌区全部分布在垦利县黄河以南的位置，垦利黄河以北的一片区域临近沿海土壤沙化和盐碱化严重，不适宜耕种，而且那片地区富含石油资源，是胜利油田集中采油区域，因此不设为灌区。垦利灌区的子灌区分布状况如图 5-1 所示。

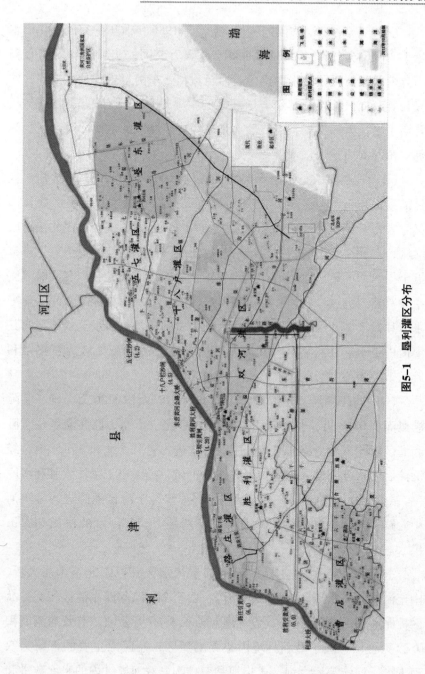

图5-1　垦利灌区分布

（1）曹店灌区。始建于1958年，于1986年改扩建完成，年引水量1.28亿立方米，设计灌溉面积2.473万公顷，实际灌溉面积1.53万公顷，位于垦利县最西南角，西至黄河，东南至垦利县东南界，向北与胜利灌区相接，其经曹店灌区的主要干渠、排有总渠、五干渠、曹店干渠、五六干排，老广蒲沟是流经曹店灌区的主要河流，主要为郝家镇等周边地区供水。

（2）胜利灌区。始建于1958年，于1966年和2001年扩建，设计灌溉面积2.33万公顷，实际灌溉面积1.47万公顷，年引水量1.10亿立方米，垦利县境内的胜利灌区向南与曹店灌区相接，西北接路庄灌区，东北至溢洪河，由溢洪河与双河灌区分隔，其主要干渠、排有五干渠、六干渠、总干渠、五六干排和六干排，流经胜利灌区的河流主要有清户沟、广利河和溢洪河，灌区内主要水库有秦薛水库、前于水库和民丰湖，胜利灌区主要由胜利引黄闸从黄河引水至六干渠向其灌区内引水。胜利灌区（垦利县境内）主要的灌溉地区为董集镇和胜坨镇的南部。

（3）路庄灌区。建于1995年，设计灌溉面积0.30万公顷，实际灌溉面积0.08万公顷，年引水量约0.32亿立方米，路庄灌区位于胜利灌区西北方，由路庄引黄闸引黄河水进入老沉沙地和新沉沙地，经沉淀后河水分别进入路东干渠和路南干渠，经路东干渠注入胜利水库（容量约2500万立方米），或从路南干渠水经宁海排灌闸进入溢洪河中。路庄灌区主要向胜坨镇北部，特别是沿黄河一带的村庄和农田供水。

（4）双河灌区。建于1987年，双河灌区其范围北至黄河大堤，南至溢洪河，东到防潮坝临莱州湾，西至辛垦路与路东灌区相交，灌区控制面积5.00万公顷，设计灌溉面积3.60万公顷，有效灌溉面积0.67万公顷，属于垦利县境内最大的灌区，灌区内主要的干渠为双河干渠，河流有溢洪河、永丰河和三排沟，双河灌区内的水库数量和储水量都是全县最大的，水库从西向东主要有一号水库（两座）、三号水库、勇安水库、一村水库（储水量约 1500 万立方米）、永镇水库（储水量约 3972 万立方米）。双河灌区作为垦利县最大的灌区，向垦利县城、兴隆街道办、永安镇供水，除此之外，还承担向东营市东城区供水的供水任务，每年会向东营市供水 3000 万吨。

（5）十八户灌区。建于 1990 年，设计灌溉面积 0.40 万公顷，实际灌溉面积 0.20 万公顷，年引水量 0.25 亿立方米，十八户灌区位于垦利县中东部，从十八户引黄闸中引水至十八干渠，通过十八干渠向其灌区内的西张水库、西宋水库、三号水库（储水量约 280 万立方米）、四号水库（储水量约 300 万立方米）供水，十八户灌区中的主要河流为张镇河，张镇河主要向四号水库和宋坨水库供水。十八户灌区面积相对较小，但是灌区内水库众多，完成灌区内供水仍有富余，在五七灌区和垦东灌区水量不足是，会向两个灌区补充供水。

（6）五七灌区。始建于 1975 年，位于垦利县东北部孤岛地区，西、北、南均以黄河大堤为界，东至防潮坝。总控制面积 2.4 万公顷，其中耕地面积 0.81 万公顷，设计灌溉面积 0.53 万公顷，实际灌溉面积 0.12 万公顷，年引水量 0.04 亿立方米。五七引黄闸中引黄河水进入五七干渠进行引水灌溉，五七灌区是垦利县 7 大灌区中最小的一个，灌区内只有五七干渠一个干渠，小岛河是灌区内唯一的河流，位于新兴的新兴水库也是灌区内唯一的水库。

（7）垦东灌区。建于 1984 年，设计灌溉面积 0.80 万公顷，实际灌溉面积 0.02 万公顷，年引水量 0.10 亿立方米，垦东灌区靠近五七灌区和十八户灌区，东临莱州湾，主要为解决黄河堤以北低洼地背淤问题和补充五七灌区下游用水不足而修建，灌区内有五七干渠和垦东干渠两个干渠，小岛河由垦东灌区流入大海，还有新岛水库和垦东水库两座水库。垦东灌区和五七灌区两个灌区共同承担对黄河口镇的供水任务。

垦利县境内灌区情况如表 5 - 1 所示。

表 5 – 1　　　　　　　　　　　　　垦利县境内灌区情况

灌区名称	干渠数量	干排数量	河流数量	大中型水库数量
曹店灌区	3	1	1	0
胜利灌区（垦利境内部分）	3	2	3	3
路庄灌区	2	0	0	1
双河灌区	1	0	3	6
十八户灌区	1	0	1	5
五七灌区	1	0	1	1
垦东灌区	2	0	1	2

5.1.2　用水状况

垦利县淡水资源主要靠黄河引水，引黄闸将黄河水引入各个干、排渠进入沉沙池，在沉沙地进行简单沉淀后直接进行灌溉，或进入水厂进行处理作为自来水供应。垦利县的地表水多年平均径流量约为19858 万立方米，年平均入渗到河道中的水量为 712 万立方米。本书从城市用水和农村水概况、各行业用水对比、各行业耗水率等方面介绍东营市垦利县的用水状况。

（1）城市用水与农村用水概况。

城市范围为垦利县县城，除新城区和老城区两大区域之外，还包括垦利县街道办。城市用水包括居民生活用水、城市工业用水、城市环境用水、城市公共用水和城市生态环境补水。城市用水年平均量约为 5000.75 万立方米，如表 5 – 2 所示，居民生活用水为 3354 万立方米，城市工业用水约为 854.74 万立方米，城市环境用水 127 万立方米，城市公共用水 627 万立方米，城市公共用水包括建筑业用水（264 万立方米）和服务业用水（363 万立方米），城市生态环境补水量为 38 万立方米，图 5 – 2 为城市各项用水对比。

表 5 - 2　　　　　　　　　　垦利县城市地区用水

城市用水项目	居民生活用水	工业用水	环境用水	公共用水	生态环境补水
用水量（万立方米）	3354	854.74	127	627	38

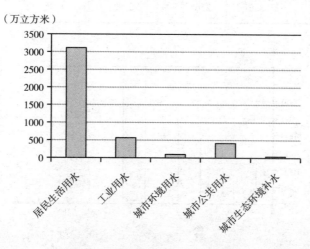

图 5 - 2　垦利县城市地区用水量

　　农村用水包括农村居民生活用水、农村地区工业用水和农业用水，其中农业用水又包括农田灌溉用水、林牧渔畜用水。如表 5 - 3 所示，居民生活用水量为 1488.61 万立方米，农村地区工业用水量约为 2564.25 万立方米，垦利县境内的土地大多盐碱化比较严重，需要至少用大水漫灌两次以后，降低土壤含盐量才能进行耕种，因此，在垦利县耕种土地所使用的水量也比较大，农田灌溉用水总量为 3892 万立方米，其中水田耗水量为 1096 万立方米，水浇地耗水量为 2145 万立方米，菜田耗水量为 651 万立方米。林牧渔畜总的耗水量为 1296 万立方米，其中林牧渔耗水量为 771 万立方米，饲养牲畜的耗水量为 525 万立方米，农村生态环境补水量为 22 万立方米。图 5 - 3 为农村各项用水量对比。

表 5-3   垦利县农村地区用水量

农村用水项目	居民生活用水	农村地区工业用水	农业用水		农村生态环境补水
			农田灌溉用水	林牧渔畜用水	
用水量（万立方米）	1488.61	2564.25	3892	1296	22

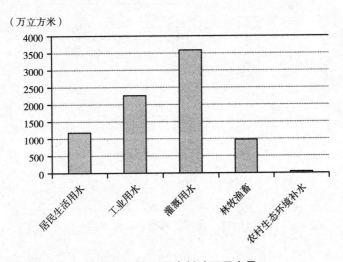

图 5-3　垦利县农村地区用水量

（2）各行业用水概况。

本书主要从农业用水、工业用水、建筑业用水、服务业用水、环境公共用水、生态补水等方面进行概述。如表 5-4 所示，农业用水总量为 5188 万立方米，其中灌溉用水为 3892 万立方米，垦利县有效灌溉面积为 24.3 万亩，渠首取水量为 5560 万立方米，进入田间水量为 3892 万立方米，渠系水利用系数为 0.7，农田灌溉水有效利用系数为 0.627。林牧渔畜用水量为 1296 万立方米；工业取水量为 3419 万立方米，工业重复利用水量为 991.51 万立方米，工业总用水量为 4410.51 万立方米；建筑业用水总量为 264 万立方米；服务业用水总量为 363 万立方米；环境公共用水量为 127 万立方米；生态补水总量为 60 万立方米。图 5-4 为各行业用水对比。

表 5 - 4　　　　　　　　　　　　各行业用水量

	农业	工业（总量）	建筑业	服务业	环境公共用水	生态补水
用水量（万立方米）	5188	4410.51	264	363	127	60

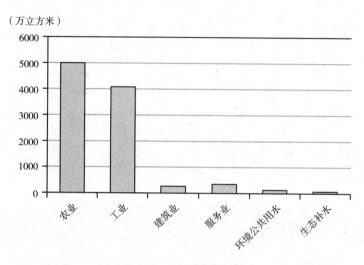

图 5 - 4　各行业用水量

（3）各用水用途耗水率概况

耗水量是指水资源在输送、使用的过程中，通过蒸腾蒸发、生产消耗、居民和牧畜饮用等形式消耗掉，而不能直接以液体形式补充到地表水体或地下含水层的水量，耗水率 = 耗水量/用水量。如图 5 - 5 所示，通过对垦利县各个行业用水状况的调研发现，垦利县农业灌溉耗水率平均为 43.7%，其中水田耗水率为 47%，水浇地耗水率为 46%，菜田耗水率为 38%；林牧渔耗水率约为 88.5%，其中林渔的耗水率为 76%，饲养牲畜的耗水率为 100%；工业耗水率在 60% 左右；在城市公共用水中，建筑业的耗水率较高，大多在 90% 以上，而服务业较低在 40% 左右；城市居民生活耗水率为 40%，远低于农村居民生活耗水量，而在用于补充生态与环境水的方面城镇耗水率 70% 高于农村生态补水耗水率的 38%。

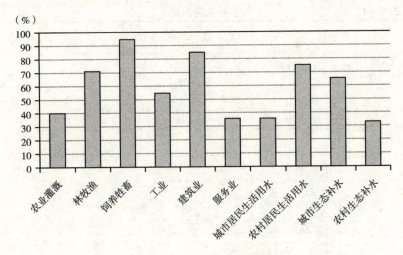

图5-5 各用水用途耗水率

5.1.3 产业政策

1. 垦利县各产业政策

垦利县的产业政策主要是建设以黄蓝经济区为中心的"城带三区"政策，一城即垦利县城，三区分别为东部的海洋产业区、中部的工业区和西部的服务区，三区分别侧重不同的产业，突出不同的产业特色，东部重在发展海洋产业，中部重视发展工业，西部依托东营市西郊现代服务区发展服务业，农业于各大灌区之中贯穿整个垦利县。

（1）海洋产业政策。东部地区临近渤海依托海洋优势发展海洋产业，垦利县为东部海洋区营造了良好的政策环境，以海岸线为基线，向西扩展10公里，划分出一个长130公里、宽10公里的东部海洋产业区，此海洋产业区辐射周边区、镇、村，形成了"三区三镇"的产业格局，三区是指现代渔业示范、蓝湖度假区和黄河口生态旅游区，三镇是指海洋产业区周围的黄河口镇、蓝镇和永安镇，此产业格局以现代渔业示范区为主引导其他两区三镇共同发展，主要发展海洋特色农业、海洋旅游业、水产品加工业、海洋装备、海洋淡水养殖业等海洋产业。垦利县建成全国最大的单片滩涂养殖区，引进投资6.2 亿元建成占地 2.7 万亩的全国最大的海参庙中繁育基地，规划 20万亩海参养殖区和 10 万亩以养殖黄河口大闸蟹和黄河口刀鱼为主的淡水养殖区，通过政府平台、媒体加强黄河口大闸蟹、黄河口刀鱼和垦利海参的推广；引导水产品加工业、海产品深加工和海水淡化工程的发展，现在垦利县有年产量在 5000 吨以上的特优水产品加工公司一家，年产量在 1200 吨以上的海产品深加工公司 2 家，日净化海水3 万吨以上的海水淡化示范工程 1 个。重视对海洋和淡水生态环境的保护和修复，垦利县投资 500 万元，对海洋和淡水水体进行生物补偿性放养，以补充自然环境中因过度捕捞而大量减少的水生物，放养黄河口大闸蟹苗 500 万只、梭子蟹苗 1000 万只、海蜇 2500 万头、对虾苗 1.3 亿尾，共计 1.7 亿个单位。

（2）工业政策。中部地区发展工业主要以垦利经济开发区和胜坨精细化工园为主体，依托靠近胜利油田的优势，发展以石油产品为中心的石油开采储存运输装备制造业、石油提纯精炼、精细化工等产业，其中精细化工和石油装备业已申请成为省级产业集群，享受山东省在水费补贴等方面的政策。垦利县建成经济开发区工业园区和胜坨精细化工园，吸引企业入驻，有利于产生集群效应也方便管理，经济开发区工业园占地 18 平方公里，171 家企业入驻，2014 年园区总产值达 509 亿元，2013 年引进投资 5 亿元建成高效节能稠油热采注气锅炉机组项目，2014 年引进 12 亿元建成产量为 500 万支/年的汽车制动器制造项目；胜坨精细化工园占地 22.48 平方公里，吸引 180 家企业入驻，2014 年实现总产值达 901.23 亿元。

（3）服务业政策。西部地区的服务业着力于交通运输、仓储、信息传输、批发和零售业、住宿、租赁和商业服务业等方面的发展，借助于东营西郊现代服务区发展的优势，建成垦利县西部服务区，占地 22.48 平方公里，引入汽车贸易、汽车服务、仓储物流、石材交易、家居建材、小商品、农产品批发等产业，园区内已有汽车4S店24家，年营业额达30亿元。2014年园区第三产业增值18.49亿元。

（4）农业政策。垦利县出台《关于加快现代农业发展若干扶持政策的意见》等一系列相关政策，为农业发展创造良好的政策环境，2011～2013年，每年出资1000万元作为专项资金扶持引导现代农业、高效农业和规模农业的发展，形成东部沿海水产品养殖与加工区、中部农产品生产加工区、西部农产品生产与休闲观光区、沿黄生态型农产品生产与生态保育带这"三区一带"的功能布局。建立了21家总面积达53万亩的现代农业示范园区，整合垦利县200万元县本级资金对农业示范区进行奖励。对于渔业（包括东部海洋区和内河养殖区域）成立专项基金，一是新建休闲观光渔业园区，在规模、投资额、效益等方面符合标准的，每处一次性扶持10万元。二是新建工厂化育苗、养殖车间，对建设标准符合规定标准的，每处一次性扶持10万元。三是新通过国家级原（良）种场验收的单位，每处一次性扶持15万元；通过省级原（良）种场验收的单位，每处一次性扶持10万元。四是水产品品牌认证扶持政策，对于新通过无公害水产品以上认证的基地，每处奖励2万元；养殖场或合作社使用自有品牌，常年在大型商场、超市设有销售专柜的，每处一次性扶持1万元；建立独立营销连锁的，每处一次性扶持3万元。

2. 用水量与各行业经济产出量之间的关系

表5-5从当年价格、可比价格等来表示垦利县2013年和2012年各行业的总产值，表中当年价格即以当年价格水平衡量各行业总产值，可比价格考虑到货币的通胀率，以除掉通胀率影响的价格来表示各个行业的总产值，更真实地将两年的产出值进行对比，通过将上年产值定为100，由此表示本年产值与上年相比的增加程度，从表5-5可以看出垦利县2013年各个行业产值对比。

表 5 - 5　　　　　　　　　　　垦利县各行业总产出

	按当年价格计算（万元）		按可比价格计算			
			绝对数（万元）		以上年为 100 的速度	
	2013 年	2012 年	2013 年	2012 年	2013 年	2012 年
总产出	14901699	13122565	14349207	12332557	116.4	119.3
农、林、牧、渔业	362440	331447	343306	331447	103.6	104.0
工业	12619805	11179464	12378266	10523018	117.6	121.2
建筑业	280498	263006	276562	258348	107.1	107.5
批发和零售业	516258	418891	407448	348538	116.9	120.0
交通运输、仓储和邮政业	526867	382856	391971	362883	108.0	107.7
住宿和餐饮业	33409	32440	31469	31145	101.0	108.2
信息传输、计算机服务和软件业	32318	35068	37060	35220	105.2	102.9
金融业	177524	153052	135444	116868	115.9	110.7
房地产业	129726	116799	111681	101241	110.3	104.9
租赁和商务服务业	28143	25322	26847	25173	106.6	107.7
科学研究和技术服务业	8740	8674	8265	8078	102.3	119.0
水利、环境和公共设施管理业	9267	9390	9311	9071	102.6	107.7
居民服务、修理和其他服务业	14061	13881	13548	12900	105.0	105.1
教育	27973	26439	30704	29236	105.0	121.0
卫生、社会保障和社会福利业	34746	32673	33448	31889	104.9	115.6
文化、体育和娱乐业	5534	5060	4330	4025	107.6	114.0
公共管理和社会组织	94390	88103	109547	103477	105.9	101.7

注：本表为笔者调研所得。

按 2013 年可比价格进行分析，第一产业（农业、林业、畜牧业和渔业）总产出为 343306 万元，占垦利县 2013 年总产出的 2.39%；第二产业包括采矿业、制造业、电力燃气及水的生产和供应、建筑业，总产值为 12654828 万元，占垦利县 2013 年总产出的 88.19%；

属于第三产业的有交通运输、仓储、邮政业、信息传输、计算机服务和软件业、批发和零售业、住宿、餐饮业、金融业、房地产业、租赁和商业服务业、科学研究、技术服务和地质勘查业、水利、环境和公共实施管理业、居民服务和其他服务业、教育、卫生、社会保障、社会福利业、文化、公共管理等产业，其总产值为1351073万元，占总产值的9.42%。

　　将农业、工业、建筑业、服务业和环境公共事业2013年总产值同其2013年用水量、耗水量结合分析如表5-6所示。农业指的是农林牧渔等产业，工业、建筑业与表5-5所指工业和建筑业内容、范围相同，服务业包括表5-5中的住宿和餐饮业、居民服务、修理和其他服务业、文化、体育和娱乐业、租赁和商务服务业。环境公共事业包括表5-5中的公共管理和社会组织、水利、环境和公共管理业。

表5-6　　　　　　2013年垦利县各行业用水量、耗水量

	2013年总产值（万元）	用水量（万立方米）	耗水量（万立方米）	用水量/总产值（立方米/万元）	耗水量/总产值（立方米/万元）
农业（农、林、牧、渔）	343306	5188	3600.47	151.12	104.88
工业	12378266	4410.51	2646.306	3.56	2.14
建筑业	276562	264	237.6	9.55	8.59
服务业	76194	363	145.2	47.64	19.06
环境公共管理业	118858	127	68.58	10.69	5.77

　　由表5-6我们可以看出垦利县各行业产值、用水量及耗水量之间的关系，例如，2013年农业（农、林、牧、渔）总产值为343306万元（按可比价格计算），用水量为5188万立方米，耗水量（用水过程中所消耗的、不可回收利用的净用水量）为3600.47万立方米，用水量与总产值之比为151.12立方米/万元，即我们只从宏观方面考虑，忽略整个行业中各个产业的区别分析时，农业每生产1万元需要用水151.12立方米，需要耗水104.88立方米。不管是从用水量与总产值之比还是从耗水量与总产值之比分析，每生产万元农业耗水量最

多，其次是服务业、环境公共产业和建筑业，工业耗水最少。

　　农业中种植业、畜牧业、渔业的产值、用水量、耗水量和用水量产值比、耗水量产值比如表 5 - 7 所示，种植业的用水量产值比和耗水量产值比都远大于畜牧业和渔业，这个现象主要由三个原因造成：一是由于种植业本身用水量大的产业特点；二是垦利县靠近渤海，土壤含盐量大，灌溉需水量大；三是大部分农田还采用漫灌的灌溉形式，干渠老化，输水过程中渗漏和蒸发比较严重。种植业应当借助垦利县大力推动农业发展和水利工程建设的契机，提高种植业产品附加值，增加种植业产品总的产值，减少种植业业用水中不必要的浪费，提高灌溉技术，减少种植业产值万元用水量。

表 5 - 7　　　　　种植、畜牧、渔业的产值与用水耗水情况

	产值 （万元）	用水量 （万立方米）	耗水量 （万立方米）	用水量/总产值 （立方米/万元）	耗水量/总产值 （立方米/万元）
种植业	99515	3892	1693.52	391.1	170.18
畜牧业	96275	388	388	40.3	40.3
渔业	150862	907.2	688.47	60.13	45.64

5.1.4　区域政策

　　2008 年 4 月山东省出台《黄河三角洲高效生态经济区发展规划》，2008 年 9 月 2 日山东省出台《支持黄河三角洲高效生态经济区又好又快发展的意见》，2009 年 11 月 23 日，《黄河三角洲高效生态经济区发展规划》被国务院批复上升为国家战略，黄河三角洲高效生态经济区（以下称"黄区"）是黄河入海口周边兼顾生态与经济共同高速发展的地区，"十一五"期间山东省投资 15000 亿元支持此区域发展，此区域包括东营市、昌邑市、寿光市、德州乐陵市和庆云县、潍坊寒亭区、滨州市、烟台莱州市、淄博高青县，垦利县位于黄河入海口处，是黄区的核心区域，也是黄河三角洲高效生态经济区发

展的重点。

2011 年 1 月 4 日，国务院将《山东半岛蓝色经济区发展规划》上升为国家发展战略，山东半岛蓝色经济区包括山东全部海域，东营、日照、烟台、威海、青岛、潍坊六个地级市以及滨州市沾化和无棣两个沿海县的所属陆地区域，海洋面积达 15.95 万平方公里，陆域面积达 6.4 万平方公里。垦利县陆域和海域都被划归在山东半岛蓝色经济区内，由此，垦利县既在黄河三角洲高效生态经济区内也在山东半岛蓝色经济区内，享受黄河三角洲高效生态经济区和山东半岛蓝色经济区的叠加政策，东营市专门成立黄蓝办监督和督促黄蓝经济区的发展。

黄蓝经济区域内主要政策有：

1. 建设投资基金

《黄河三角洲高效生态经济区发展规划》要求黄区按相关管理办法建立黄河三角洲产业（股权）投资基金，《支持黄河三角洲高效生态经济区又好又快发展的意见》也要求山东省政府、省属各大企业、区域各相关市（县、区）以及区域内大企业共同出资成立类似的黄河三角洲开发基金，吸纳国外投资、市场流动资金、产业投资、风险投资等资金再进行投资活动。2011 年 7 月 28 日，山东省正式成立黄河三角洲产业投资基金，基金批准总金额达 200 亿元人民币。同时成立了黄河三角洲产业投资基金管理有限公司，黄河三角洲产业投资基金管理有限公司由黄河三角洲投资管理有限公司、鲁信创业投资集团股份有限公司及山东赛伯乐投资管理有限公司共同出资设立。基金主要着重于黄区内现代农业、TMT 产业（互联网、电子等行业、通信、软件、新媒体等行业）、节能减排基础设施、新材料、现代服务业、电子信息和新能源（新型动力电池、生物能源技术、新型储能电池、新型能源）、重要资源、高端装备制造、金融、文化等领域的投资，致力于促进黄区内优势企业的发展、刺激新行业的兴起，迄今为止已成功投资了山东浪潮华光光电子有限公司、山东明仁福瑞达制药有限公司、山东大地集团肉牛清真食品股份有限公司、山东万通液压机械有限公司等多家企业，已跟进项目达 70 多个，推动了黄区经济，加快了黄区的发展。

2. 加强基础设施建设

（1）加强水资源保障工程建设，提高区域内水资源供应保障能力，统筹考虑区域内用水设施和用水状况，充分利用南水北调的东线工程，规划区域内引水、净水、供水工程，提高黄蓝经济开发区的供水、水资源调蓄和应急保障能力；加快实施防洪、防潮工程建设，实现防潮堤（内河防潮堤和沿海防潮堤）、大坝、河道、干排渠、水库的统一规划建设，用更大力度治理海水倒灌和入侵。

（2）建设安全、稳定、高效、绿色的能源供应体系。大力发展绿色能源和可再生能源，重点推动生物能、太阳能和风能发电项目的发展，建设沿海的陆上风电基地，并规划莱州湾、长岛、鲁北、半岛北、渤中和半岛南 6 个发电量达百万千瓦级的海上风电基地，规划面积达 4028 平方公里，预计 2030 年建设完成。建设潮汐能和波浪能的发电项目，推进核能发电项目的建设，在海阳和荣成的核电项目建设的同时，建设烟台核电项目，优化燃煤火力发电，改善火力发电工艺，建设更环保的燃煤发电厂，加快实现"西电东送""西气东输"战略的实施。

（3）统筹海陆空规划，建设海陆空一体的立体交通网络。陆上优化普通公路和高速公路建设，健全公路网络建设并优化路况以提高公路运输速度，加快沿岸铁路项目建设，构建省级公路、铁路运输体系；海上建设以青岛港为核心，日照港、烟台港、东营港、威海港、滨州港、潍坊港、莱州港为支撑的东北亚国际航运综合枢纽；空运以联合东营、威海、烟台、潍坊、青岛等机场的方式形成空中港口格局，规划建立综合铁路、公路、水运、航空等多种运输方式的运输枢纽工程，实现多种运输方式的无缝对接，减少因转换运输方式引起的物流停滞。

（4）优化现有的网络连接设施。提高互联网传输速度，构建高速、智能的现代信息网络，加快三网融合即互联网、电信网和广播电视网的融合发展，推动互联网的升级换代，建设更加安全的网络环境，将信息流、资金流和物流连接到一起。

3. 海洋三大产业协调发展

（1）重视海洋第一产业的发展，海洋第一产业是海洋产业的基础，实施现代海洋渔业重点工程的建设，在原有传统海洋渔业的基础上开发新的发展点，建设全国重点的海洋水产养殖园区、渔业示范区、现代远洋渔业示范区、海洋水产良种培育基地，建成寿光、荣成、蓬莱、黄岛等远洋渔业基地。

（2）基于海洋第一产业，大力建设海洋第二产业，体现第二产业的支柱作用，海洋第二产业的主要包括海洋能源矿产、现代海洋化工业、海洋水产品精深加工产业、海洋装备制造、海洋工程建设等。《山东半岛蓝色经济区发展规划》设计将威海、烟台、日照建成全国一流的生物产业基地，青岛为海洋生物研发和产业中心，海洋装备制造业中心设计建设于青岛和烟台，能源矿产着重黄渤海的油气、莱州金矿、龙口煤田、莱州湾卤水的开发。

（3）海洋第三产业的重点在物流运输和海洋旅游。海洋运输以日照、青岛、威海、烟台四大临港物流为中心，推进潍坊、东营、莱州、滨州等沿海临港物流园区的建设，打造东北亚国际物流中心。海洋旅游突出海洋特色，推动海洋旅游业与海上体育运动项目的融合，打造全国著名旅游海洋旅游景点。

4. 推进水资源的高效利用

加强水资源的管理工作，实施最严格的水资源管理制度，明确各区域内的水资源量，对水资源进行合理分配，在第一、第二、第三产业共同推进节水技术，在引水、水处理、输水、水资源使用的全过程上进行节水技术的应用，推进全过程节水。推广抗旱作物，发展节水灌溉方式和节水养殖。限制高耗水行业的发展，支持企业购入节水设备实施节水生产。鼓励海水淡化项目，在沿海城市建设海水淡化示范项目，发展海水淡化技术，鼓励工业使用淡化水，建设海水淡化和综合利用的示范城市。

5.1.5　投资政策

投资是指为了在未来可以获得收益，在一定时间向一定项目投放一定数额的资金或者人力、物力等价物的行为。对于水价的调控，投资政策是一个缓慢的长期见效的调控方式，一般通过对水利灌溉基础设施包括引黄闸、干支渠、管道、水库等的修筑和改建，提高灌溉效率，垦利县近年来对于灌溉投资的政策工程如下：

（1）2004 年，垦利县改造西双河引黄泵站，将原来的高压轴流泵替换为 ZQ3670cf6 型潜水轴泵 16 台，并设置计算机控制与检测系统。

（2）2005 年，垦利县投资 5600 万元对双河灌区干渠进行衬砌扩建工程。同年耗资 1.2 亿元对永镇水库和胜利水库进行了衬砌，此工程使两水库蓄水能力达到了 6500 多万立方米，每年减少渗漏约 1000 万立方米，水库寿命延长 30~50 年。投资 4000 万元完成对同兴分干 21.4 公里干渠的衬砌。

（3）2010 年，垦利县投资 635.3 万元完成对胜坨镇东部排水工程的建设。

（4）2012 年，投资 2784 万元对东兴污水处理厂进行了升级改造，使其污水处理能力提升至 4 万吨/天，其出水标准由原来的一级 B 提升至一级 A，提高了再生水的数量和质量，间接增加了垦利县可用水资源总量，在一定程度上减轻了垦利县水资源的短缺。

（5）2012 年，垦利县黄河口镇投资 527.72 万元，对黄河口镇内 5000 亩农田进行节水灌溉工程的修筑，主要衬砌农级渠道 40 条、疏挖排沟 41 条，新建引水闸、斗门、穿涵等 34 座。

（6）2012 年垦利县整合重点县专项补助资金 8022 万元、旱涝保收高标准农田建设专项资金项目投资 645 万元，以及其他投资 3837.5 万元，共计约 1.25 亿元，致力于全面提高农业综合生产能力，主要建设项目有灌溉泵站、生产桥、机耕道路和高效节水灌溉工程。在高效节水灌溉工程中除了提高管道输水能力外，还包括推动灌溉方式的革新，推广新型灌溉技术，对于运用新型灌溉技术的农民进行补贴，在 2011 年颁布的《关于加快现代农业发展若干扶持政策的意见》也对运用高效灌溉技术的农民进行补贴。

（7）2013 年，中央预算内向垦利双河灌区投资 2440.44 万元，新建引水管道 1631 米，衬砌改造渠道 8215 米，新建引水闸 1 座、衔接井 9 座，改建支渠节制阀 3 座、斗门 15 座、穿涵 10 座，以减少双河灌区内管道与支渠的渗漏。

（8）2014～2015 年，垦利县投资 8287674.82 元对垦利街道一分干线进行改造，减少分干线内管道的渗漏，减少水资源的浪费。

（9）2014 年，垦利县董集镇投资 419 万元建设了高效节水灌溉工程，工程包括安装水栓 78 套、铺设管道 4313 米、修建黄河防洪子堤 1 条、生产桥 2 座、排沟 4 条。

（10）2015 年 8 月，垦利县开始对综合开发五七中型灌区节水工程的招标工作，此项工程预计投资 1900 万元，项目包括衬砌干渠 1 条（约 9.5 公里），修建滩区排水闸 2 座、渠末泄水闸 1 座、干渠生产桥 2 座、穿越干渠倒虹吸 1 座，改建干渠生产桥 1 座。

垦利县通过对各个灌区基础设施建设的投资，增加了输水能力，减少了水资源的渗漏和浪费，改革灌溉方式，推广新的灌溉技术，提高灌溉效率，投资改建污水处理厂，提高了污水处理的能力，增加灌区内再生水的总产能和质量，从长期来看，间接增加水资源量，降低水价，从长远角度对水价进行了调节。

5.1.6　融资政策

融资是通过一定的途径和方式，向别的组织或债权人筹集资金的一种活动，主要应对发展过程中资金短缺的状况，融资分为内源融资和外源融资。内源融资主要靠组织本身的储蓄转化为投资而来，外源融资包括银行贷款、发行股票、企业债券、商业信用和融资租赁，根据对垦利县政府背景、财政和项目内容的分析，向世界银行贷款进行融资贷款是垦利县调节水价较为可行的方式。

世界银行是由国际复兴开发银行（向中等收入国家政府和信誉良好的低收入国家政府提供贷款）、国际开发协会（向最贫困国家的政府提供无息贷款和赠款）组成，世界银行会向贫困和发展中的国家、地区和由政府机构担保的单位提供优惠的贷款，以促进这些国家和地区经济发展和社会进步，其贷款项目主要集中于基础设施建设、农业配套设施建设以及基础工业建设。

垦利县主要淡水来源为降水和黄河水，降水有限而垦利县每年引黄水量也有定额，而且这两者受季节影响都比较大，因此，垦利县季节起伏大，受气候影响严重。对农业而言，供水不稳定，遇到气候变化黄河枯水期变长、降水减少就会造成庄稼缺水，这成为制约着垦利县农业规模化发展主要原因之一；另外，原有的灌溉工程基础设施相对落后，灌溉方式还在采用大水漫灌的形式，浇灌效率低，水资源浪费严重，这在一定程度上提高了水价。对于工业也是如此，生产成本随季节变化的现象，而且其变化有很强的不确定性，企业无法对自己的生产成本准确控制，为其制定生产和销售策略造成障碍。

向世界银行贷款的必要性。对于以上问题，垦利县应当在枯水期对城乡居民、农民、企业进行水费补贴，确保居民生活、农业、工业发展的平稳进行，并且改造原有的输水管道、灌溉工程，减少水资源浪费，提高水资源利用率，但是对于每年只有大约 20 亿元公共财政收入的垦利县在保证各个方面工作都顺利进行的情况下，财政无法支持补贴与工程建设。垦利县政府可以通过向世界银行贷款的方式进行融资，融资所得的资金用于以上工作，即可以在短期内对水价进行调节，从长远来看又有利于降低水价，减少农民负担，使农民有更多资源进行农业方面的投资，发展规模农业，促进垦利农业的发展，推动垦利县经济增长，从这几方面来看垦利县向世界银行贷款是有必要的。

向世界银行贷款的可行性。1980 年我国恢复在世界银行的代表权，截至 2015 年 7 月我国利用世界银行贷款项目达 515 个。2014 年 11 月，世界银行向东营市垦利县胜坨镇皇殿村等 11 个村进行了捐赠，开展农村污水处理工程，此项捐款主要应用与广利河流域及其周边农业、农村污染治理工程，此工程将雨水与污水分离并运用管道输送进行集中处理的方法，可减少广利河上游皇殿村等 11 个农村地区生活污水和农业面源污染物向广利河排放，有效改善广利河的地表水污染状况，此次成功捐赠也为垦利县与世界银行接下来的合作奠定了基础。世界银行代贷款，特别是由国际开发协会（IDA credit）发放的"软贷款"，利息少，还款时间长（可达 35 年，还可延长 10 年），垦利县政府完全有能力支付利息并按期还款，利用世界银行贷款所做的建设在 20~40 年产生的经济效果完全可以到达预期，而且世界银行的原则是促进发展中国家经济发展和社会进步，垦利政府是政府单位，不论从原则还是贷款对象上垦利县政府都符合世界银行的标准，从以上几方面进行考虑垦利县从世界银行贷款非常具有可行性。

5.1.7 补贴政策

政府对水价的补贴是一个即刻见效的水价调节的方式，一般分为暗补和明补，暗补是指政府直接将补贴发放给当地供水单位，并不发放给农民，对农民只收取经过补贴后的较低的水费，丰水期政府补贴力度较小，枯水期补贴力度较大，农民面对的水价变动小，这保证了水成本变动对农民生活影响较小，大多数政府都采用暗补的做法。垦利县在 2015 年之前采取暗补的形式，政府根据上级要求、农民承受能力和本县财政状况对水费进行定价，不将水资源作为商品来考虑，也就未把市场机制引入定价之中，更没有利用税费等政策影响供水单位间接地对水价进行调节。供水单位平均以每年每亩 20 元的价格向农民收取水费，远低于供水成本，而且水费收取率不高，对于供水成本无法收回的部分由政府财政进行补贴，供水单位几乎没有盈利，要依靠政府补贴生存，这导致供水机构在一个旱涝保丰收的环境下运行，效率低下，同时暗补政策下的低水价不能使农民认识到水的稀缺性，不利于农民正确的水观念和正确节水意识的形成，农民用水无度，用水需求增加，造成水资源的浪费。

明补是指政府直接将补贴发放到农民手中，让农民亲身感受到补贴的力度，但是水价会保持在一个比较高的水平，在明补政策下，政府将水资源作为商品因素来考虑，在水费定价中引入市场竞争机制，在考虑到农民承受能力的基础上，由市场决定水价。垦利县在 2015 年根据发改委和住建部文件《关于加快建立完善城镇居民用水阶梯价格制度的指导意见》的要求开始着手进行水价改革的准备工作，准备于 2015 年年末实行阶梯水价制度，但由于全面直接暗补转为明补在操作上有困难，特别是在农民问题上，因此先改革比较好操作的自来水价格，在逐步将暗补全部转为明补，根据农民用水特点，明补应当以奖励为主，配合政府投资，鼓励农民运用新的灌溉方式和灌溉技术，例如，用水不超过标准量又参与低压管道技术或喷灌滴管项目的农民，每亩地可一次性给予一定数量的补贴，并且给予一定时期的水价优惠，以直接奖励的方式既降低了农民在实行灌溉节水技术的门槛又可降低农民用水费用，增加农民节水灌溉的积极性，形成良性循环。

5.2 垦利灌区水的成本核算与水价改革

5.2.1 成本核算

供水成本是水价的重要组成部分，准确核算供水成本才能对合理水费定价、政府补贴力度进行把控，垦利县的供水成本可以用以下公式进行表示：

$$垦利县供水成本 = 制水成本 + 输水成本 + 管理成本$$

即垦利县供水成本包括三部分内容：制水成本、输水成本和管理成本。其中，制水成本包括水资源费、原材料费、动力费、固定资产折旧、机械修理费和职工薪酬。水资源费即垦利水利局向黄河水务局买水所产生的费用：丰水期 0.3 元/立方米、枯水期 0.35 元/立方米，固定资产折旧包括及其、厂房、管道等固定资产的折旧所带来的成本。输水成本为水输送的过程中产生的成本：包括输配环节各设备固定资产的折旧，输水过程中动力费用，机械修理费以及输配环节人员的薪酬费用。管理成本是指在整个引水、制水、输水的环节中整体协调管理产生的费用。

5.2.2 管理体系

垦利县水资源费实行收费权与支配权分开的方式，即水利局只有核定和收取水资源费的权利，但是收取的水资源费不经过水利局，直接进入财政局中成为政府财政的一部分，同样，水利局向外支出水资源费时也是水利局核定支出数额，由财政局直接拨款。从黄河取水首先由水利局向黄河水务局以丰水期 0.3 元/立方米，枯水期 0.35 元/立方米的价格进行购买，财政局向黄河水务局拨款之后黄河水务局根据垦利县水利局要求从胜利引黄闸、路庄引黄闸、一号坝引黄闸、十八户引黄闸、五七引黄闸等一个或多个引黄闸放水进入各个干渠供垦利县农用灌溉、渔业、畜牧业、工业、居民等用水。垦利县自来水是通过引黄闸引黄河水通过各个干、排渠进入沉沙池，在沉沙地进行简单沉淀后进入垦利自来水公司水厂进行过滤、消毒等水处理，处理合格之后的自来水进入统一的城市管网中，由自来水公司统一进行调配、管理。

山东省水利厅、物价局、财政局根据每个地区、城市水利项目投资总额、当地人民生活水平、价格承受能力、当地政府财政状况、上级对水利支持程度、供水成本等情况对每个地级市规定一个水价收取范围，垦利县水价由垦利县水利局、物价局和财政局根据此范围和当地居民水价承受能力规定水价。垦利县水费分为由自来水厂收取和由村镇代收两种形式，由自来水厂收取的为自来水公司管网输水的部分，由村镇代收的为农田灌溉用水费用。

1. 管网输水水价

垦利县到户水价由基本水价、水资源费、污水处理费和城市附加费四部分组成，各种不同用途的用水根据其用水特点收取不同的基本水价、污水处理费和城市附加费用。垦利县自来水公司将自来水用途分为 5 类，分别为居民用水、行政事业及办公用水、工业用水、建筑及经营服务业用水、特种行业用水。居民用水指居民日常生活用水；行政事业及办公用水指行政事业单位办公用水，包括机关、部队、医院（含门诊所）、学校、托儿所、幼儿园等单位用水；工业用水指化工企业、机械制造企业等工业企业用水；建筑及经营服务业用水指各类建筑、流通企业及经营性公司、商店等经营和办公用水以及普通用水、餐饮服务等用水，特种行业用水指桑拿、洗浴、洗车、游泳池、纯净水等用水（见表 5 - 8）。

表 5 – 8　　　　　　　　　　　管网输水水价　　　　　单位：元/立方米

分类	基本水价	水资源费	污水处理	城市用水附加	到户水价
居民生活用水	1.40	0.30	0.70	0	2.40
行政事业及办公用水	1.57	0.30	0.70	0.13	2.70
工业生产用水	1.57	0.30	0.80	0.13	2.80
建筑及经营服务业用水	2.01	0.30	0.90	0.16	3.37
特种行业用水	3.75	0.30	0.90	0.30	5.25

2. 农民灌溉水价

灌溉用水不需要经过自来水厂的处理，直接从黄河引水经沉淀之后就可直接用于灌溉，因此成本比自来水低，另外，考虑到农民承受能力和便于水费计算等因素，水价以每亩定额的方式收取，2005 年之前为 20 元/亩/次，即浇一次地每亩需要 20 元，一年分两次收取，时间间隔为六个月，年中收取一次年末收取一次，但是由于在垦利县有些地区依然采用传统的农业经营方式，农业产品附加值低，农民收入不高，水费收取工作困难，只有 30% 左右的农民愿意上交水费，剩下约 70% 的农民由于各种原因拒绝交费，2005 年之后改为每亩每年 20 元，修改水价后农民上交水费的积极性仍然不高，改为由乡镇财政承担水费，再由乡镇政府向农民进行水费的收取工作。

垦利县境内的土地大多盐碱化比较严重，传统灌溉方式需要至少用大水漫灌两次以后，降低土壤含盐量才能进行耕种，因此在垦利县耕种土地所使用的水量比较大，农民灌溉用水需求大，20 元/亩/年的供水价格远低于供水成本，大部分灌区处于长期亏损运营的状态。

5.2.3　水价改革

2013 年，国家发展与改革委员会、住房城乡建设部下发了《关于加快建立完善城镇居民用水阶梯价格制度的指导意见》（发改价格 [2013] 2676 号），要求各地方特别是水资源比较稀缺的省、市、自治区尽快根据自身情况完善并实施居民用水阶梯价格制度，在保障居民基本生活用水的情况下，促进节约水资源。其基本原则，一是保障基本用水需求。区分基本用水需求和非基本用水需求，保持居民基本生活用水价格相对稳定；对非基本用水需求，价格要反映水资源稀缺程度。二是促进公平负担。居民生活用水价格总体上要逐步反映供水成本，并兼顾不同收入居民的承受能力，多用水多负担。三是坚持因地制宜。根据各地水资源禀赋状况、经济社会发展水平、居民生活用水习惯等因素，制定符合实际、确保实效的居民阶梯水价制度。

根据国家发展与改革委员会和住房城乡建设部的文件，垦利县的水价改革原则为：（1）反映真实的费用；（2）用最优方式或最小的代价来提升供水服务；（3）考虑到农民的承受能力；（4）增加供水单位长期的生存能力，增加供水的部门效益减轻供水部门对政府财政的负担。

2014 年 1 月国家发展与改革委员会、住房城乡建设部要求要求全国各地市级城市 2015 年年底前完成阶梯水价的推广，垦利市水利局已经开始着手进行完善城镇居民用水阶梯价格制度的前期工作，垦利市水利局正在进行以下工作：

1. 划分各个阶梯水量工作

垦利市水利局根据往年平均居民用水量将阶梯设置为三级。为保障居民基本生活用水，第一级水量约覆盖 80% 的居民家庭用户的月平均用水量为标准确定；为改善、提高居民生活质量，及时提供合理用水，第二级水量以覆盖 95% 的居民家庭的月平均用水量为标准确认；第三级水量以超出第二级水量的用水标准确认。根据垦利县水利局阶梯水价制度研究草案，第一级水量 1 ~ 10 立方米/户/月（含 10 立方米），第二级水量 11 ~ 14 立方米/户/月（含 14 立方米），第三级水量 15 立方米/户/月及以上。另外，家庭实际生活人口 5 人或者 5 人以上的用户，每户每月可申请增加 3 立方米。

2. 制定各个阶梯价格

按照国家发展与改革委员会、住房城乡建设部下发文件要求，根据对不同阶梯的用水保障的不同，第一和第二级别要保持适当的价差，但不必太大，以原先垦利县居民用水的到户水价 2.4 元/立方米为标准做适量调整，第三级水价则需要反映水资源的稀缺性，提高水价，加大与第一、第二级水价的差距，以抑制不合理的用水，达到节约用水的目的，按照文件要求第一、第二、第三级阶梯水价应按照不低于 1:1.5:3 的比例进行安排。根据垦利县阶梯水价制度研究草案，第一级水价按照 2.7 元/立方米执行；第二级水价按照 3.5 元/立方米执行；第三级水价按照 8.3 元/立方米执行。充分考虑低收入家庭的经济承受能力，对城市最低生活保障家庭和特困家庭用水量低于10 立方米/户免收水资源费和污水处理费，超出的部分则不予以免收。

3. 确定阶梯计量周期

充分考虑到居民季节用水差异以及黄河的丰水期（5~9 月）和枯水期（12~2 月）的淡水资源供给能力，以确定水价阶梯计量周期，垦利县阶梯水价改革制度研究草案中规定暂定为每月确定一次，特殊时期进行特殊规定。

4. 供水成本、灌区运营成本的核算

垦利县水利局根据政府财政对水利项目及各个灌区的建设投资、黄河引水所需水资源费用、灌区干渠干排日常维护维修费用、水网管道维护维修费用、灌区及自来水公司的员工工资等项目对供水成本和灌区的正常运营成本进行了核算，以备日后向公众公开。

利津县在 2015 年 5 月 1 日实行了阶梯水价制度，调查显示水费只占用户年均可支配收入的 0.23% ~ 0.42%，水价改革对普通居民生活水平影响较小，是水价改革的成功案例，现在垦利县水价从普通水价向阶梯水价制度改革的工作还在进行中，各个方案的可行性和有效性还在调研论证之中，水价改革涉及社会方方面面的工作还在进行，借助利津县的经验，预计 2015 年年底前后可能实行。

5.3　生态文明导向的垦利灌区水价优化分析

5.3.1　模型适用

为了能够对水资源的利用形成一个既有相互竞争又有相互协调，也有相关监督的供水市场，以实现生态文明导向的灌区水资源利用与开发，本书拟假定将垦利灌区的供水等结构进行优化调整，如图5-6所示。

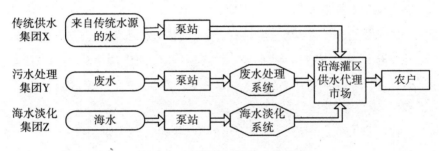

图 5-6　沿海灌区水供应示意图

不管是供水企业还是污水企业或者海水淡化企业，它们有一个共同的特点：基础投入非常高且收效非常慢。对于这类企业如果是完全市场竞争的方式进行管理，则会出现重复建设与投资，严重浪费社会财富。但如果是一个寡头企业进行运营，则会出现效率低下，严重损害社会福利。鉴于此，既然所有传统供水企业的资源与优势类似可以合并组建成一个传统供水集团企业，而所有污水处理企业的工艺与成本类似也可以合并组建成一个污水处理集团企业，类似地，所有海水淡化企业的投资与运营类似也可以合并组建成一个海水淡化集团企业。以上三个集团企业生产的水源并不是直接供给用户，而是供给垦利县供水代理市场（由一个企业来运营），如同电业生产与供应模式，生产与供给分开管理。这样，在生产领域有三个企业集团可以相互竞争，供水代理企业则以简单成本加成方式供水，通过优化水价可以提高水的利用效率，促进生态文明，保证沿海灌区健康持续发展。

垦利灌区共有三家规模以上污水处理企业：三达水务有限公司、利河污水处理有限公司和东兴污水处理厂，其设计处理规模分别为1万立方米/日、1万立方米/日和4万立方米/日。本书将上述三个污水处理企业看成一个污水处理集团企业寡头 Y。

垦利灌区现有一家规模以上的海水淡化企业：东营蓝岛海水综合利用有限公司，成立于2012年7月，总投资9168.00万元，海水淡化日处理海水量30000吨：淡水336万吨、纯水37.8万吨、浓盐水567万吨。为了处理方便，本书将上述海水淡化处理企业看成一个海水淡化集团企业寡头 Z。

垦利县自来水公司就是本书所研究的传统供水集团企业 X，其供水种类有：居民用水（$i=1$）、农业（农、林、牧、渔）用水（$i=2$）、工业用水（$i=3$）、建筑业用水（$i=4$）、服务业用水（$i=5$）、环境公共管理业用水（$i=6$）共6个大类。

我们将第四章构建的模型应用到垦利灌区，如下所示：

[第一层]

$$
\max_{q_1, q_2, q_3} \left\{ \begin{array}{l} f_{11} = - \left| w_0 - q_1(t) + q_2(t) + q_3(t) \right|, \\ f_{12} = \dfrac{q_2(t)}{q_1(t)} \end{array} \right\}
$$

$$
s.t. \left\{ \begin{array}{l} q_1(t) \leqslant 13000, \\ q_2(t) \leqslant 1135, \\ q_3(t) \leqslant 336, \\ q_1(t), q_2(t), q_3(t) \geqslant 0, \\ w_0 > 0. \end{array} \right.
$$

供水寡头企业的供水价格 p 和不同水消费群体的水价格 k_{iu}，k_{im}，k_{il} 可以从如下模型中求得：

[第二层]

$$\max_{q_1,q_2,q_3,p,k_u,k_m,k_l} \left\{ \begin{array}{l} f_{21} = -\sum_{i=1}^{6}(\varphi_i \sum_{t=1}^{T}(\,|\,u_{iu}(t)(k_{iu}(t)-k_{iu0})\,|\, \\ \qquad + |\,u_{im0}(k_{im}(t)-k_{im0})\,|+|\,u_{il0}(k_{il}(t)-k_{il0})\,|)), \\ f_{22} = c - h(q_1(t)+q_2(t)+q_3(t)) + e(q_1(t)+q_2(t)+q_3(t))^2 \end{array} \right\}$$

$$s.t.\left\{ \begin{array}{l} \sum_{i=1}^{6}(u_{iu}(t)+u_{im0}+u_{il0}) = q_1(t)+q_2(t)+q_3(t), \\[2mm] \sum_{i=1}^{6}(u_{iu}(t)k_{iu}(t)+u_{im0}k_{im}(t)+u_{il0}k_{il}(t)) = (q_1(t)+q_2(t)+q_3(t))p(t), \\[2mm] \sum_{i=1}^{6}\varphi_i = 1, \\[2mm] p(t),u_{iu}(t),u_{im}(t),u_{il}(t),k_{iu}(t),k_{im}(t),k_{il}(t),\varphi_i \geqslant 0, \\[1mm] 0 \leqslant q_3(t) \leqslant 336, \\[1mm] 0 \leqslant q_2(t) \leqslant 1135, \\[1mm] 0 \leqslant q_1(t) \leqslant 13000, \\[1mm] c,e,h > 0_{\circ} \end{array} \right.$$

其中，φ_i 表示不同用水行业的权重，代表该行业受重视程度，q_3 可以从如下模型中求得：

[第三层]

垦利灌区有着明显的季节特点，水源供水能力的季节变动明显，用水需求量波动也较大，但是考虑到用水者的相对稳定性，故水价不宜变动过于频繁，一般以一年为一个计量单位较为适宜。本书就以一期的价格优化为例进行数值分析，即研究其稳态下的一个决策期的水价优化问题，将模型（4-13）简化为：

$$\max_{p,s_2,s_3,q_1,q_2,q_3} \left\{ \begin{array}{l} f_{31} = q_1(t)(p(t)-c_1), \\ f_{32} = q_2(t)(p(t)+s_2(t)-c_2), \\ f_{33} = q_3(t)(p(t)+s_3(t)-c_3) \end{array} \right\}$$

$$s.t. \begin{cases} q_1(t)(a - b(2q_1(t) + q_2(t) + q_3(t)) - c_1) = 0, \\ -q_2(t) + \dfrac{1}{2b}(a - b(q_1(t) + q_3(t)) - c_2 + s_2(t)) = 0, \\ -q_3(t) + \dfrac{1}{2b}(a - b(q_1(t) + q_2(t)) - c_3 + s_3(t)) = 0, \\ 0 \leqslant q_3(t) \leqslant 336, \\ 0 \leqslant q_2(t) \leqslant 0.1 q_1(t), \\ 0 \leqslant q_1(t) \leqslant 13000, \\ p(t), q_1(t), q_2(t), q_3(t), s_2(t), s_3(t) \geqslant 0, \\ a, b, d, c_1, c_2, c_3, s_2, s_3, \alpha_1, \beta_2 > 0_{\circ} \end{cases}$$

5.3.2 参数设定

（1）黄河水务局规定垦利县每年可以从黄河引入的水量为 13000 万立方米，但当地的生态需要 60 万立方米的生态用水，故我们令 $w_0 = 60_{\circ}$

（2）考虑到垦利灌区的特殊情况，各个行业需要平衡发展，因而我们简单假设 $\varphi_1 = \varphi_2 = \varphi_3 = \varphi_4 = \varphi_5 = \varphi_6 = 0.167_{\circ}$

（3）黄河水务局规定垦利县每年可以从黄河引入的水量只有 13000 万立方米，而垦利县的实际引水量超过黄河水务局允许引水量 50%。这样，通过访谈代表性水用户和咨询相关专家，本书粗略地将每个水用户的原耗水量的 50% 作为基本量，消耗原耗水量的 50% 之内的按原价格执行，51%～75% 按照原水价的 1.46 倍收取，76% 及以上的用水量按原水价的 3.46 倍收取。具体设定以下参数如表 5-9 所示。

表 5-9			具体参数			
	$i=1$	$i=2$	$i=3$	$i=4$	$i=5$	$i=6$
k_{iu0}	83000	10400	96900	116600	116600	93400
k_{im0}	35000	4400	40900	49200	49200	39400
k_{il0}	24000	3000	28000	33700	33700	27000
u_{im0}	1211	1297	1103	66	90.8	31.8
u_{il0}	2421	2594	2205	132	181.5	63.5

（4）根据灌区水消耗量与经济发展关系的历史数据，本书取 $h = 1.51$，$c = 25200000$，$e = 0.00354$。

（5）根据前面的实际数据，本书取 $\alpha_1 = 0.002$，$\beta_2 = 0.5$，$a = 30000$，$b = 1$，$c_1 = 17000$，$c_2 = 28000$，$c_3 = 35000$。

（6）为了简化处理，假定三个供水寡头企业都是每隔一年做出向灌区水代理市场供水的决策，并且用户的用水价格周期与供水企业决策周期是相同的。本书仅研究 1 年的优化问题，即设定 T = 1。并且本书主要是处理稳态下的水价关系。

（7）本部分的水量单位是万立方米，价格单位是元/万立方米。

5.3.3　计算过程

第 1 步：仅考虑每一层自身的优化问题，并求得每层各自的理想解。

1. 第一层决策者通过求解

$$\max_{q_2} \begin{cases} f_{11} = -\left|60 - q_1 + q_2 + q_3\right|, \\ f_{12} = \dfrac{q_2}{q_1} \end{cases}$$

$$s.t. \begin{cases} q_1 \leqslant 13000, \\ q_2 \leqslant 0.1q_1, \\ q_3 \leqslant 336, \\ q_1, q_2, q_3 \geqslant 0。 \end{cases}$$

（1）求得第一层两个目标中的最好解和最差解如下：

$f_{11}^{+} = 0$，$f_{11}^{-} = -13276$，$f_{12}^{+} = 0.1$，$f_{12}^{-} = 0$。

（2）f_{11}，f_{12}的隶属度函数可以表示为：

$$\mu\,(f_{11}) = \begin{cases} 1, & if \quad f_{11} > 13276, \\ \dfrac{f_{11}}{13276}, & if \quad 0 \leqslant f_{11} \leqslant 13276, \\ 0, & if \quad f_{11} \leqslant 0. \end{cases}$$

$$\mu\,(f_{12}) = \begin{cases} 1, & if \quad f_{12} > 0, \\ \dfrac{f_{12} + 0.1}{0.1}, & if \quad -0.1 \leqslant f_{12} \leqslant 0, \\ 0, & if \quad f_{12} \leqslant 0. \end{cases}$$

（3）通过求解以下 Tchebycheff 问题[252-255]：

max α

$$s.t. \begin{cases} \mu(f_{11}) \geqslant \alpha, \\ \mu(f_{12}) \geqslant \alpha, \\ \alpha \in [0,1], \\ q_1 \leqslant 13000, \\ q_2 \leqslant 0.1q_1, \\ q_3 \leqslant 336, \\ q_1, q_2, q_3 \geqslant 0. \end{cases}$$

我们可以得到第一层决策者的理想解 $(q_1^A, q_2^A, q_3^A) = (13000,$ 60.95，0），$\alpha^A = 0.0469$，$(f_{11}^A, f_{12}^A) = (-0.95, 0.0047)$。

2. 第二层决策者通过求解

$$\max_{q_1, k_u, k_m, k_l} \begin{cases} f_{21} = -0.167 \sum_{i=1}^{6} \left(|u_{iu}(k_{iu} - k_{iu0})| + |u_{im0}(k_{im} - k_{im0})| \right. \\ \quad + |u_{il0}(k_{il} - k_{il0})| \left. \right), \\ f_{22} = 2520 - 1.51(q_1 + q_2 + q_3) + 0.00354\,(q_1 + q_2 + q_3)^2 \end{cases}$$

$$
s.t. \begin{cases}
\sum_{i=1}^{6} (u_{iu} + u_{im0} + u_{il0}) = q_1 + q_2 + q_3, \\
\sum_{i=1}^{6} (u_{iu}k_{iu} + u_{im0}k_{im} + u_{il0}k_{il}) = (q_1 + q_2 + q_3)p, \\
u_{iu}, u_{im}, u_{il}, k_{iu}, k_{im}, k_{il} \geqslant 0, \\
q_3 \leqslant 336, \\
q_2 \leqslant 0.1q_1, \\
q_1 \leqslant 13000_{\circ}
\end{cases}
$$

（1）求得第二层两个目标中的最好解和最差解如下：

$f_{21}^{+} = -13334690, f_{21}^{-} = -90954440, f_{22}^{+} = 25936210, f_{22}^{-} = 25642580.$

（2）f_{21}, f_{22} 的隶属度函数可以表示为：

$$
\mu(f_{21}) = \begin{cases}
1, & if & f_{21} > -13334690, \\
\dfrac{f_{21} + 90954440}{77619750}, & if & -90954440 \leqslant f_{21} \leqslant -13334690, \\
0, & if & f_{21} \leqslant -90954440,
\end{cases}
$$

$$
\mu(f_{22}) = \begin{cases}
1, & if & f_{22} > 25936210, \\
\dfrac{f_{22} - 25642580}{293630}, & if & 25642580 \leqslant f_{22} \leqslant 25936210, \\
0, & if & f_{22} \leqslant 25642580_{\circ}
\end{cases}
$$

（3）通过求解以下 Tchebycheff 问题：

$\max \beta$

$$
s.t. \begin{cases}
\mu(f_{21}) \geqslant \beta, \\
\mu(f_{22}) \geqslant \beta, \\
\beta \in [0,1], \\
q_1 \leqslant 13000, \\
q_2 \leqslant 0.1q_1, \\
q_3 \leqslant 336, \\
\sum_{i=1}^{6} (u_{iu} + u_{im0} + u_{il0}) = q_1 + q_2 + q_3, \\
\sum_{i=1}^{6} (u_{iu}k_{iu} + u_{im0}k_{im} + u_{il0}k_{il}) = (q_1 + q_2 + q_3)p, \\
u_{iu}, u_{im}, u_{il}, k_{iu}, k_{im}, k_{il} \geqslant 0_{\circ}
\end{cases}
$$

我们可得第二层的理想解 $(q_1^B, q_2^B, q_3^B) = (12802.01, 1181.811, 336)$,

$\beta^B = 0.8912571$, $(f_{21}^B, f_{22}^B) = (-2.1775E+07, 2.5904E+07)$, $p^B = 10185.62$,

$(u_{1u}, k_{1u}, k_{1m}, k_{1l}) = (0, 35000, 35000, 24000)$, $(u_{2u}, k_{2u}, k_{2m}, k_{2l}) = (2923.221,$

$10400, 3726.356, 3726.356)$, $(u_{3u}, k_{3u}, k_{3m}, k_{3l}) = (0, 182.8119, 182.8119,$

$117.5947)$, $(u_{4u}, k_{4u}, k_{4m}, k_{4l}) = (0, 9.110496, 9.110496, 9.110496)$, $(u_{5u}, k_{5u},$

$k_{5m}, k_{5l}) = (0, 12.43542, 12.43542, 12.43542)$, $(u_{6u}, k_{6u}, k_{6m}, k_{6l}) = (0,$

$4.519722, 4.519722, 4.519722)$。

3. 第三层决策者通过求解

$$\max_{p, s_2, s_3, q_1, q_2, q_3} \begin{cases} f_{31} = q_1(p - 17000), \\ f_{32} = q_2(p + s_2 - 28000), \\ f_{33} = q_3(p + s_3 - 35000) \end{cases}$$

$$s.t. \begin{cases} 11500 < s_3 \leqslant 11809.52381, \\ \dfrac{2000 + s_2}{3} < s_2 \leqslant 3s_2 - 30000, \\ 17000 \leqslant p \leqslant 50000。 \end{cases}$$

其中, $q_1 = 10500 - 0.25s_2 - 0.25s_3$, $q_2 = -500 + 0.75s_2 - 0.25s_3$, $q_3 = -7500 - 0.25s_2 + 0.75s_3$, $0 \leqslant q_3 \leqslant 336$, $0 \leqslant q_2 \leqslant 0.1q_1$, $0 \leqslant q_1 \leqslant 13000$。

实际上, 政府为了防止三个供水寡头形成卡特尔价格联盟, 会设定一个合理的价格区间, 如本案例设置 $17000 \leqslant p \leqslant 40000$。

（1）求得第三层三个目标中的最好解和最差解如下：

$f_{31}^+ = 2.145E+09$, $f_{31}^- = 0$, $f_{32}^+ = 1.697959E+07$, $f_{32}^- = -0.007189193$, $f_{33}^+ = 5532124$, $f_{33}^- = -3.901299E-08$。

（2） f_{31}, f_{32}, f_{33} 的隶属度函数可以表示为：

$$\mu(f_{31}) = \begin{cases} 1, & if \quad f_{31} > 2.145E+09, \\ \dfrac{f_{31}}{2.145E+09}, & if \quad 0 \leqslant f_{31} \leqslant 2.145E+09, \\ 0, & if \quad f_{31} \leqslant 0, \end{cases}$$

$$\mu(f_{32}) = \begin{cases} 1, & if \quad f_{32} > 16979590, \\ \dfrac{f_{32} + 0.007189193}{16979590.007189193}, & if \quad -0.007189193 \leqslant f_{32} \leqslant 16979590, \\ 0, & if \quad f_{32} \leqslant -0.007189193, \end{cases}$$

$$\mu(f_{33}) = \begin{cases} 1, & if & f_{33} > 5532124, \\ \dfrac{f_{33} + 3.901299E - 08}{5532124 - 3.901299E - 08}, & if & -3.901299E - 08 \leqslant f_{33} \leqslant 5532124, \\ 0, & if & f_{33} \leqslant -3.901299E - 08 。 \end{cases}$$

（3）通过求解以下 Tchebycheff 问题：

$$\max \gamma$$

$$s.t. \begin{cases} \mu(f_{31}) \geqslant \gamma, \\ \mu(f_{32}) \geqslant \gamma, \\ \mu(f_{33}) \geqslant \gamma, \\ \gamma \in [0,1], \\ 11500 < s_3 \leqslant 11809.52381, \\ \dfrac{2000 + s_2}{3} < s_2 \leqslant 3s_2 - 30000, \\ 17000 \leqslant p \leqslant 50000 。 \end{cases}$$

我们可以得到第三层的理想解：

$\gamma = 0.09935308, (q_1^C, q_2^C, q_3^C)$

$= (5457.95075, 63.40775, 20.69075), (s_2^C, s_3^C, p^C)$

$= (4605.457, 14562.74, 50000), (f_{31}^C f_{32}^C f_{33}^C)$

$= (2.131123748E + 08, 1.686992166E + 06, 5.496030127E + 05)。$

显然 $(q_1^A, q_2^A, q_3^A) \neq (q_1^B, q_2^B, q_3^B) \neq (q_1^C, q_2^C, q_3^C)$，即三层决策者的目标有冲突。因而，这就需要上层决策者充分考虑下层的利益而使其目标的容忍范围比原来扩大一些，这样就更容易找到满足各级决策者目标的解。

第 2 步：三层决策者考虑其他层的决策对自己的影响而分别各自确定其目标隶属度函数。

扩大第一层的容忍范围，令 q_2 的范围扩大为 $[q_2^A - 10, q_2^A + 10]$，我们可得 q_2 的隶属函数如下：

$$
\mu\ (q_2)\ =
\begin{cases}
\dfrac{q_2-50.95}{10}, & 50.95 \leqslant q_2 \leqslant 60.95 \\[3mm]
\dfrac{70.95-q_2}{10}, & 60.95 \leqslant q_2 \leqslant 70.95
\end{cases},
$$

同理，扩大第二层的容忍范围，令 q_1 的范围扩大为 $[q_1^B-500,$ $q_1^B+500]$，并且可得 q_1 的隶属函数：

$$
\mu\ (q_1)\ =
\begin{cases}
\dfrac{q_1-12500}{500}, & 12500 \leqslant q_1 \leqslant 13000 \\[3mm]
\dfrac{13500-q_1}{500}, & 13000 \leqslant q_1 \leqslant 13500
\end{cases}。
$$

1. 第一层决策者的目标隶属度函数

由上可得 $f'_{11}=-11224$，$f'_{12}=0.0923$，这样可得第一层决策者的偏好区间是 $[-11224, -0.95]$ 和 $[0.0047, 0.0923]$。由此，我们可以得到第一层决策者目标的隶属度函数如下所示：

$$
\mu'\ (f_{11})\ =
\begin{cases}
1, & if \quad f_{11} > -0.95, \\[3mm]
\dfrac{f_{11}+11224}{11223.05}, & if \quad -11224 \leqslant f_{11} \leqslant -0.95, \\[3mm]
0, & if \quad f_{11} \leqslant -11224。
\end{cases}
$$

$$
\mu'\ (f_{12})\ =
\begin{cases}
1, & if \quad f_{12} > 0.0923, \\[3mm]
\dfrac{f_{12}-0.0047}{0.0876}, & if \quad 0.0047 \leqslant f_{12} \leqslant 0.0923, \\[3mm]
0, & if \quad f_{12} \leqslant 0.0047。
\end{cases}
$$

2. 第二层决策者的目标隶属度函数

由上数据可得 $f'_{22}=2.53E+07$，第二层的第二个目标的偏好区间是 $[2.53E+07, 2.5904E+07]$。由此，第二层决策者目标的隶属度函数如下所示：

$$\mu'(f_{22}) = \begin{cases} 1, & if & f_{22} > 2.5904E+07, \\ \dfrac{f_{22} - 2.53E+07}{6.04E+05}, & if & 2.53E+07 \leqslant f_{22} \leqslant 2.5904E+07, \\ 0, & if & f_{22} \leqslant 2.53E+07_{\circ} \end{cases}$$

3. 第三层决策者的目标隶属度函数

第三层的隶属度函数可以描述如下：

$$\mu'(f_{31}) = \begin{cases} 1, & if & f_{31} > 213112374.8, \\ \dfrac{f_{31} + 87237761}{300350135.8}, & if & -87237761 \leqslant f_{31} \leqslant 213112374.8, \\ 0, & if & f_{31} \leqslant -87237761_{\circ} \end{cases}$$

$$\mu'(f_{32}) = \begin{cases} 1, & if & f_{32} > 1686992.166, \\ \dfrac{f_{32} + 15610451}{17297443.166}, & if & -15610451 \leqslant f_{32} \leqslant 1686992.166, \\ 0, & if & f_{32} \leqslant -15610451_{\circ} \end{cases}$$

$$\mu'(f_{33}) = \begin{cases} 1, & if & f_{33} > 549603.0127, \\ \dfrac{f_{33} + 4452551.04}{5002154.0527}, & if & -4452551.04 \leqslant f_{33} \leqslant 549603.0127, \\ 0, & if & f_{33} \leqslant -4452551.04_{\circ} \end{cases}$$

通过求解以下 Tchebycheff 问题，可以得到使整个模型达到 Pareto最优的满意解。这样，我们就成功地将一个多层多目标非线性动态规划问题转化为一个单层次单目标的非线性动态规划问题，如下所示：

$\max \delta$

$$
s.t. \begin{cases}
\dfrac{q_2 - 40.95}{20} \geqslant \delta, \\[2mm]
\dfrac{80.95 - q_2}{20} \geqslant \delta, \\[2mm]
\dfrac{q_1 - 7000}{6000} \geqslant \delta, \\[2mm]
\dfrac{19000 - q_1}{6000} \geqslant \delta, \\[2mm]
\mu'(f_{11}) \geqslant \delta, \\[1mm]
\mu'(f_{12}) \geqslant \delta, \\[1mm]
\mu'(f_{22}) \geqslant \delta, \\[1mm]
\mu'(f_{31}) \geqslant \delta, \\[1mm]
\mu'(f_{32}) \geqslant \delta, \\[1mm]
\mu'(f_{33}) \geqslant \delta, \\[1mm]
q_1(t) \leqslant 13000, \\[1mm]
q_2(t) \leqslant 0.1 q_1(t), \\[1mm]
q_3(t) \leqslant 336, \\[1mm]
11500 < s_3 \leqslant 11809.52381, \\[2mm]
\dfrac{2000 + s_2}{3} < s_2 \leqslant 3 s_2 - 30000, \\[2mm]
17000 \leqslant p \leqslant 50000, \\[1mm]
u_u(t) + u_m(t) + u_l(t) = q_1(t) + q_2(t) + q_3(t), \\[1mm]
u_u(t) k_u(t) + u_m(t) k_m(t) + u_l(t) k_l(t) \\[1mm]
\quad = q_1(t) p_1(t) + q_2(t) p_2(t) + q_3(t) p_3(t), \\[1mm]
p_1(t), p_2(t), p_3(t), q_1(t), q_2(t), q_3(t), \\[1mm]
u_u(t), u_m(t), u_l(t), k_u(t), k_m(t), k_l(t) \geqslant 0, \\[1mm]
a, b, c, d, e, h, c_1, c_2, c_3, s_2, s_3, w_0, \alpha_1, \beta_2 > 0, \\[1mm]
\delta \in [0,1]_\circ
\end{cases}
$$

其中,δ 是总体满意度。这样,我们通过求解以上 Tchebycheff 优化问题,可以得到本书政府补贴方案以及三寡头供水量和供水价格的整体满意解:$(s_2, s_3) = (5428.571, 11809.52)$,$(q_1, q_2, q_3) = (12505.51, 70.83987, 96.55708)$,$p = 36000$,而且此问题的总体满意度 $\delta = 0.01101251$。

根据以上结果可以通过如下模型求解不同行业的最优阶梯水价:

$$\min_{q_1, k_u, k_m, k_l} \left\{ \begin{array}{l} 0.167 \sum_{i=1}^{6} \left(\mid u_{iu}(k_{iu} - k_{iu0}) \mid + \mid u_{im0}(k_{im} - k_{im0}) \mid \right) \\ + \mid u_{il0}(k_{il} - k_{il0}) \mid \right) \end{array} \right\}$$

$$s.t. \begin{cases} \sum_{i=1}^{6} (u_{iu} + u_{im0} + u_{il0}) = q_1 + q_2 + q_3, \\ \sum_{i=1}^{6} (u_{iu}k_{iu} + u_{im0}k_{im} + u_{il0}k_{il}) = (q_1 + q_2 + q_3)p, \\ u_{iu}, u_{im}, u_{il}, k_{iu}, k_{im}, k_{il} \geqslant 0。 \end{cases}$$

计算结果是:

$(u_{1u}, k_{1u}, k_{1m}, k_{1l}) = (0, 1845502, 63112.55, 24000.03)$,

$(u_{2u}, k_{2u}, k_{2m}, k_{2l}) = (0, 11749.8, 11749.8, 11749.8)$,

$(u_{3u}, k_{3u}, k_{3m}, k_{3l}) = (0, 44284.45, 44284.45, 31435.9)$,

$(u_{4u}, k_{4u}, k_{4m}, k_{4l}) = (0, 49959.18, 49959.18, 49959.18)$,

$(u_{5u}, k_{5u}, k_{5m}, k_{5l}) = (0, 67478.97, 67478.97, 67478.97)$,

$(u_{6u}, k_{6u}, k_{6m}, k_{6l}) = (1276.307, 94447.2, 94447.2, 94447.2)$。

5.3.4　结果分析

本书将供水市场的自由竞争与兼顾公平的阶梯水价结合在一起,将政府调整下生态文明导向和节水及水资源开发植入其中,构建了一个生态文明导向的沿海灌区水价优化模型。结果表明:

(1) 模型的总体满意度 $\delta = 0.01101251$,数值上看是非常低的,但这并不代表解的优劣，仅仅说明这个解在多大程度上协调了每一层的目标。对于整合这样的一个复杂三层多目标优化问题，已经是很难得。

（2）三供水寡头的供水价格是 $p = 36000$，这明显是比我们直觉的供水成本要高一些，但这个成本已经包含可持续成本，是在生态文明下的价格，能够实现可持续发展和社会自然各部分的协调持续健康发展。从另一方面可以表明，我们以前的水价太低，并不能全面反映水的真实全成本，仅是反映部分可见的直接成本。

（3）垦利的整体供水量是 12672.90695 万立方米，比 2014 年的用水少了 6000 多万立方米，这表明通过价格调整可以实现节约用水，提高用水效率，实现可以持续发展。

（4）总体优化后，社会的总公平偏差从独立优化时的 21775000 大幅度下降至 0.05024248。这表明，虽然水价总体提高，但由于针对性地实施阶梯定价，进而大大提高了社会公平性。

（5）居民用水的节水潜力大，应该实施三级水价体系，分别是 24000.03 元/万立方米、63112.55 元/万立方米、1845502 元/万立方米，显然第三级的价格非常高，一般不会产生用水量，即惩罚性价格；农业（农、林、牧、渔）现行按亩次进行收费，用水多少无法体现，进而也不能激励节约用水的行为，考虑到节水设施投入的成本与周期，当下的最优决策是实行统一的按实际用水量计价 11749.8 元/万立方米，如果收费超出农民负担能力，可以通过补贴的方式返还一定比例，但体现实际用水量的计价方式可以鼓励节约用水的行为；工业用水最优策略是采用二级水价体系，激励企业节水减排并提高水效率，第一级水价为 31435.9 元/万立方米，44284.45 元/万立方米；建筑业由于用水地点的移动性不利于其大量投入节水设备，最优决策是实行 49959.18 元/万立方米的水价；而服务业的用水量受市场影响波动非常大，故暂时不宜实行多级水价，最优决策是实行 67478.97 元/万立方米的水价；环境公共管理业用水可以通过统筹优化、加强管理等方式挖潜水的使用效率，达到节约用水的目的，故其最优决策也不是马上实施多级水价体系，而是采用 94447.2 元/万立方米的单一水价。

5.4　政策建议

根据垦利县灌区状况、水资源使用状况、水费收取和管理、水价改革相关政策，对垦利县水费核算、定价、收取等方面的问题提出政策建议。

5.4.1　做好供水成本核算工作

准确的供水成本是水价的基础，也是水价改革的重要参考因素。正确划定供水成本的范围，即需要认定群众所要承担的费用范围，这是供水成本核算的基本工作。

根据垦利县的情况来看，其供水成本主要是水资源费，供水单位的运营成本：水处理产生的一系列费用、人员薪酬、管理费用、机械修理费用，水处理设备、管道等固定资产折旧产生的费用，中央、山东省、东营市、垦利县等对基础设施建设的投资费用，工程修缮费用。准确地核算这些费用，将这些成本合理分配于到每立方米的供水之中：水资源费、水处理费用、人员薪酬、管理费用这些每月都会发生的费用即供水单位的运营成本，只需要平均到月用水量中即可。对于固定资产折旧成本需要合理规划固定资产的使用年限，考虑到达使用年限之后的剩余价值，所以固定资产的成本为：

（固定资产原始价格 − 到达使用年限之后的剩余价值）/此固定资产参与送水量

如此计算出由于固定资产折旧产生的水费。由于工程投资金额太大，无法具体平均到每立方米水中，且投资方（中央政府或者地方政府）不期望直接回收资金，建议直接在水费中以工程修缮费用的名义收取，专门用作水利工程的修缮工作，也算作供水成本的一部分，由此供水成本的计算公式可以表示为：

供水成本 = 水资源费 + 运营日常费用 + 固定资产折旧 + 工程修缮费用

5.4.2 实行水价改革

尽快完善阶梯水价制度，并出台实施，运用市场手段对民众用水进行调节，在用水问题上引入经济手段，用"看不见的手"来发挥作用，市场在这些方面有更高的效率。规定计价阶梯水量，拉大各个阶梯之间的水价差距，既保证大部分群众的用水需求，又调节不合理用水。垦利县已根据上级要求通过调研和讨论拟定了阶梯水价改革草案，但是由于计价阶梯水量、水价调整幅度问题涉及社会方方面面，难以确定，并且在实施过程中有执行和技术上的困难，这时需要垦利县勇于突破现有困难和阻力，实现水价改革，都认为水资源定价是与水资源使用者的利润最大化的需求相一致的，水的开发和管理必须以共同参与作为基础，共同参与者包括各级用水户、规划者和政策制定者——对水来说，每个人都是利益的相关者，垦利县的水价改革政策需要充分听取群众意见，群众参与决策。

5.4.3 加强垦利水资源短缺的宣传

垦利县属于沿海温带季风气候，降水丰沛，又临近黄河，取水条件良好，在垦利民众的潜意识中认为垦利县是不缺水的，因此在日常生活中用水并不节约。其实不然，黄河水务局规定垦利县每年可以从黄河引入的水量只有13000万立方米，而垦利县每年年均用水量为19000万立方米，超过黄河水务局允许的引水量，每当水量不够时需向黄河水务局申请放水指标，经上级同意后黄河水务局才能继续放水，其过程之中一旦操作不当造成延时，会影响垦利的生产生活用水，所以在改革水价的基础上还必须通过多种方式的宣传使民众认识到这一点，自觉节约用水。

（1）借助多种媒体提高群众对垦利水资源实际情况的认识。

水利局应当同垦利县当地各大媒体如电视、网络、垦利当地 APP 合作，向垦利民众公布历年用水量和可用水资源状况，让垦利民众了解垦利县实际用水状况，提高每个人的用水危机感，使民众自觉开始节约用水。

（2）通过机关单位向各单位人员宣传并辐射各个家庭。

（3）宣传节水进学校。

学校是用水特别大的单位，也是节水潜力特大的单位，通过宣传教育学生比较容易形成良好的节水用水的习惯，并且对社会有较强的辐射作用，在学校进行常态化的节水宣传，增加学生有关用水节水的方面的知识，不仅可以通过学生的节约用水减少学校的用水量，并且学生还会将这种好习惯带入家庭，带动各个家庭节约用水，形成节约用水的新风尚。

5.4.4 成立农民用水协会

农民用水协会是致力于搭建农民用水与政府放水之间桥梁的组织，由垦利县水利局与各乡镇政府组织成立用水协会，以农民自愿为原则参加，农民用水协会主要以方便农民用水，加强用水监督以及降低水费收取难度、提高水费收取率为目的。农民用水协会的组建和成立应在政府的帮助和指导下完成，于相关部门登记备案，成员全部由农民组成，有严密的组织，独立于政府之外，又能与政府对接。

农民用水协会组织层次为：农民用水代表大会、执行委员会、用水小组和协会会员。农民用水代表大会是由各个用水小组选出代表参加，为农民用水协会的最高权力单位，定期召开，对协会发展或重大事项进行决议。执行委员会在平日负责协会中的各项事宜，对协会会员负责。用水小组为农民用水协会基层组织单位，协会将垦利县以村镇为界划分为不同的用水区域，每个区域内的所有会员为一个的用水小组，选出组长以管理本小组并负责本小组的工作，并负责向政府或水利局反映协会会员在用水上产生的问题。协会会员，由农民自愿申请，经协会批准后加入，其主要权利义务有：（1）享受一定的用水优惠；（2）享受协会提供的各种帮扶如科学用水灌溉指导、科学种植、养殖指导等；（3）有机会参与到灌溉工程的管理工作中；（4）按时缴纳水费；（5）遵守协会纪律，执行协会交予的任务。

此协会主要的职能为：（1）建立一个农民参与灌溉工程的管理和监督工作的途径，即监督灌溉工程日常运转的问题、是否高效、是否符合农民权益；（2）及时反映农民在用水、水价等方面的诉求，结合土地、天气、作物生长状况和是否需要灌溉等方面的情况，向供水单位建议提前供水灌溉或者推迟灌溉以及每次灌溉的放水量，防止因为过涝或者灌溉不及时造成的作物减产或水资源的浪费；（3）协助水利局、政府单位或者供水单位做好水费收取工作；（4）与其他部门或者协会合作，在科学种植、养殖、维权、农产品销售等方面对协会会员提供帮助。

农民用水协会是一个从政府和农民两个角度出发都有利的组织。

从政府方面看：

（1）多了一条监督灌溉工程运行的方式，有利于政府及时发现灌溉工程运行中存在的问题，提高灌溉效率；

（2）增加一条与农民联系的重要渠道，及时了解农民对灌溉用水的需求，以便及时满足；

（3）减少了政府、水利局或者其他供水单位在水费收取上的困难。

从农民角度：

（1）农民参与对于灌溉工程的监督，保证灌溉工程高效运转，保证农民灌溉用水的及时性和适时性，保障农民用水权益；

（2）使农民在用水过程中有更大的"声音"，并且在水价定价中农民可直接提出意见。

5.4.5　增加农民收入，提高农民缴纳水费能力

引导农村规模经济，提高农民收入。灌溉水费收取率低有很大一方面的原因是农民收入水平不高，农民抱着能少交则少，能不交则不交，能省一分是一分的态度来对待水费，所以想要从根本上提高水费收取率，就要提高农民的收入。[256]

（1）鼓励特色农业。

引导农民种植附加值高的农业产品。依托黄河入海口、黄河三角洲国家级自然保护区和黄河口生态旅游区，发展垦利县特色农业，鼓励农民统一经销，探索"合作社＋农户＋基地"的经营模式，联合农户、种植和养殖基地、农村合作社，推出黄河口特色农业品牌，继续推广黄河口大米、黄河莲藕、黄河口大闸蟹、黄河口海参、黄河口刀鱼，以更合乎市场规律方式经营黄河口特色农业，找准市场定位和自身优势，提高产品的附加价值，以提高农民收入水平。

（2）推广科学种植和养殖技术。

政府应当为农户提供科学种植和养殖的技术指导，引导农民科学种植、提高产量，以科学的方法进行种植和养殖不但可以提高农产品产量，保证产品质量，并且能够降低农户耕种和养殖成本，提高作物、牲畜的成活率，还可以保持土壤肥力，有利于可持续耕作。聘请专业种植和养殖人员对农户进行培训，提高农户对科学种植、养殖的认识；邀请成功实用科学种植或养殖的农户与普通农户进行交流，以现实成功案例给予农户实行科学方法的信心，鼓励他们也进行科学种植、养殖。

（3）鼓励农业规模经济。

农业规模化经营在发达国家是主导的农业经济发展模式，农村土地规模化经营比分散的家庭经营具有更高的规模效益，事实证明，土地经营上是规模经济的，农业规模化经营也是中国农业现代化的发展方向。

（4）出台相关鼓励政策和办法。

政府应当出台政策、办法鼓励鼓励引导个人或者单位租赁土地进行农业规模化经营，实行土地规模化经营就是农民明确保存土地产权，通过合同的方式以一定条件将土地经营权流转集中到有资金积累、有农业技术、会经营管理的个人或公司单位手中，由此个人或公司单位统一来经营大量的土地，实行大规模的开发和经营，如此一来有利于农业科技的推广，不断提高农业种植和养殖的科技含量，提高农业种植和养殖的效益，同时，也提高了农村土地资源的合理配置和配置效率，增加农民收入，提高农民缴纳水费的能力。

5.4.6 提高污水处理能力，推广再生水利用

垦利县淡水资源的最主要来源为黄河，从黄河引来的黄河水通过干渠、排等进入各大、中、小型水库、池塘、坑中储存，此种类型的水域极易受到污染，且因各大水库、湖泊通过河流或干渠、互相连通，一旦污染物特别是工业污染物进入其中一个水域就有可能连带影响其他水域。垦利县每年产生的城市污水排放量为 670 万立方米，工业污水排放量为 465 万立方米，共计 1135 万立方米，因此必须加强对污水排放与处理的监管，充分利用已有的污水处理设备、工厂及配套设施对污水进行处理，达标之后再进行排放，以防止因污染而使本来就紧缺的淡水资源再次减少，排放地点也应当有所选择，应当远离饮用水取水水域。另外，处理过的达到排放标准的水也可以进入管网进行循环利用，作为工业等非饮用方面的用水。继续投资更新污水处

理设备，提高污水处理能力，提高再生水的质量和总量，间接增加垦利县的水资源总量，从长远来看有利于对水价的调节。

5.5　本章小结

本部分以垦利灌区为研究对象，主要开展了如下研究：

首先，概述了垦利灌区水资源及相关政策，如产业发展政策、区域规划政策、融资促进政策和财政补贴政策；

其次，介绍了垦利灌区水的成本核算、管理体系与水价改革现状以及存在的问题；

再次，运用第 4 章所构建的生态文明导向的多目标三层水价优化模型，处理相关数据，得到了一套水价优化方案，对垦利灌区以及其他沿海灌区生态文明导向的水价改革将有一定指导意义；

最后，针对本部分的优化处理结果，总共从六个方面提出了相关政策建议，旨在能够同时提高生态效益、社会效益和经济效益，达到协调统一与可持续发展的目的。

第6章　灌区间水价动态演化的协调同步研究

同自然界的混沌系统一样，社会学中的混沌动力系统同样会有初始条件敏感性的特点。如果我们对一个混沌系统施加一个任意小的扰动，那么此系统未来的行为将会发生非常明显地不同。辛宝贵等[210]沿海灌区的水价动态博弈模型并讨论了此水价系统的稳定性和余2维倍周期分岔。另外，辛宝贵等[257]运用前向欧拉方法构建了一个离散时间的动态金融系统并讨论了此系统的稳定性及 Neimark-Sacker 分岔。辛宝贵等[258]研究了证券市场中不完全信息条件下的投资竞赛模型的复杂性。运用 0 ~ 1 检测算法，辛宝贵等[259]分析了一个带有投资激励的分数阶金融系统的复杂性。

Fujisaka 和 Yamada[260]，Pecora 和 Carroll[261]在混沌同步方面做出了开创性工作，Mainieri 和 Rehacek[262]在 1999 年第一次提出投影同步的概念。但是，一般来说我们很难实现两个或者多个非线性混沌系统的投影同步，幸运的是，Wen 等[263]于 2004 年提出了一种基于观测的投影同步控制方案，这种方案最大的优点就在于对非线性动态系统实现投影同步没有特殊限制[264]。目前，投影同步已经成为非线性科学领域的一个活跃的研究主题。当然，很多学者们已经提出了许多的方法去实现非线性混沌系统的投影同步。Li 等[265]提出了一种反推控制方法能够实现一类所谓的严格反馈的离散混沌动力系统的自适应函数同步；Vasegh 和 Majd[266]提出了一种基于 Takagi-Sugeno 模糊自适应方法能够实现两个离散混沌动态系统的同步。Zhang 等[267]设计了一种脉冲控制器能够实现一类离散混沌动态系统的时滞同步；Zhang 和 Liu[268]提出了一种鲁棒型预测控制算法能够实现两个离散混沌系统的同步。非常遗憾，上述同步方案在现实世界中都并不容易实现。现实世界急需我们去开发一种简单并且鲁棒的混沌投影同步方案。幸好，线性反馈控制器的优势就是线性的和鲁棒的，并且非常容易设计并实现混沌投影同步。Odibat 等[269]运用线性控制研究了 3 维分数阶混沌系统的同步问题；Chen 等[270,271]也设计控制器研究了相关混沌控制与同步问题。运用线性状态误差反馈控制技术，辛宝贵等$^{[272-274]}$研究了三类分数阶混沌动态系统的同步问题。当然，我们也非常容易地想到将上述分数阶动态系统的投影同步方案扩展到离散动态系统。

本部分不仅构建一个考虑生态反应的水价动态演化系统，还构建一个离散动态系统的线性控制投影同步方案，最后将此投影同步方案应用到两个水价动态演化系统的协调同步研究之中。

6.1 灌区间水价动态演化模型的复杂性研究

6.1.1 建模

本部分主要构建一个水价的非线性离散动态演化模型，以描述一个沿海灌区中水价格、水污染和水资源投资三者的动态互动演化关系，并且在此基础上研究两个沿海灌区的水价动态演化的协调同步机理，以便为相关政策的制定提供理论依据。

假设6-1：（1）上一期的水价对本期的水污染程度有负的线性效应；（2）上一期的水污染程度对本期的水污染程度有正的非线性惯性效应。

根据假设6-1，我们可以用以下离散动态方程表示：

$$x_{t+1} = a_1 x_t^2 - a_2 y_t \qquad (6-1)$$

其中，a_1，$a_2 \geqslant 0$。我们可以根据方程（6-1）分析如下：

（1）高水价会抑制用水量，进而会降低水污染程度；相反，低水价能够对用水量起到负激励，进而会增大水污染程度。

（2）水污染还具有正的非线性惯性效应，即上一期的水污染会非常明显地影响本期的水污染程度。

假设6-2：（1）上一期的水污染程度对本期的水价有负的线性效应；（2）上一期的水价对本期的水价有正的线性惯性效应；

（3）上一期水污染程度同其临界程度之和与上一期水资源投资之积对本期的水价有负的非线性效应。

根据假设6-2，我们可以用以下离散动态方程表示：

$$y_{t+1} = -b_1 x_t + b_2 y_t - b_3 z_t (1 + x_t) \qquad (6-2)$$

其中，b_1，b_2，$b_3 \geqslant 0$。我们可以从方程（6-2）得到如下信息：

（1）水品质低会抑制用水价，即因为水污染的原因会使人们对的水需求下降，进而使水价下降；相反，水品质高能够对用水价起到激励作用，提高人们对水的需求，进而会使水价上涨。

（2）水污染还具有正的线性惯性效应，即上一期的水污染会非常明显地影响本期的水污染程度。

（3）一方面，上一期的水资源投资会缓解或者满足本期的水需求，进而会降低本期的水价；另一方面，越过某一临界线的上一期水污染会对本期的水价产生一定的抑制作用。

假设6-3：（1）上一期的水资源投资对本期的水资源投资有负的线性效应；（2）上一期的水价与水污染程度的交叉作用对本期的水资源投资有正的非线性效应。

根据假设6-3，我们可以用以下离散动态方程表示：

$$z_{t+1} = -d_1 z_t + d_2 x_t y_t \qquad (6-3)$$

其中，d_1，$d_2 \geqslant 0$。我们可以根据方程（6-3）分析如下：

（1）基于水资源投资的长期性与累积性特点，上一期的水资源投资量越大，本期的水资源投资需求越小，反之亦然。

（2）一方面，上一期的水价越高，水资源投资者就会越感觉水资源投资越有价值，反之亦然；另一方面，水污染程度越高，高质量水资源的需求程度就越高，让水资源投资者越感觉到值得投资，反之亦然。

对方程（6-1）、方程（6-2）和方程（6-3）进行无量纲变换，可以得到如下离散动力系统：

$$\begin{cases} x(t+1) = -y(t) + ax^2(t) \\ y(t+1) = -bx(t) + \hat{c}y(t) - z(t) - x(t)z(t) \\ z(t+1) = -dz(t) + x(t)y(t) \end{cases} \quad (6-4)$$

其中，a，b，$\hat{c}$，$d \geqslant 0$。

6.1.2　模型的混沌存在性检测

本部分将运用 3.4.3 节所介绍的 0~1 混沌检测方法。作为一种检测确定性动态系统混沌的二进制方法，0~1 检测算法非常简单但有效。然而，如文献[192]所述，对于周期性动力系统，多数 c 值会如期满足 $K_c = 0$，但对于那些孤立的 c 值会因为共振的原因 K_c 会变得非常大：例如，不管动态系统是混沌的还是常规的，对于 c 值来说，我们期望得到 $M_c(n) \sim n^2$。如前所述，孤立值 c 的出现建议我们采用 K_c 的均值 $K = median(K_c)$。为了得到各类与 c 值相对应的 K_c，选择 100 个 c 就已经是足够的了[191]。

为了能够检测混沌的存在性，我们令 a = 0.4，b = 0.34，$\hat{c}$ = 0.63 和 d = 1.14。系统（6-4）的混沌现象如图 6-1、图 6-2 和图 6-3 所示。其中，原始坐标系（x，y，z）中的混沌吸引子如图 6-1 所示，转换的坐标系（p，s）中的类 Brownian（无严格边界）轨迹，如图 6-2 所示，表明系统（6-4）存在混沌吸引子。图 6-3 绘制了对应于随机数 c 的相关系数 K_c，显然其均值 $K \approx 1$ 表明系统（6-4）存在混沌现象。

以上 0~1 检测结果表明，系统（6-4）存在混沌。

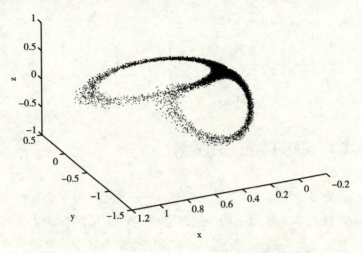

图 6 - 1　原坐标系（x，y，z）中的混沌吸引子相图

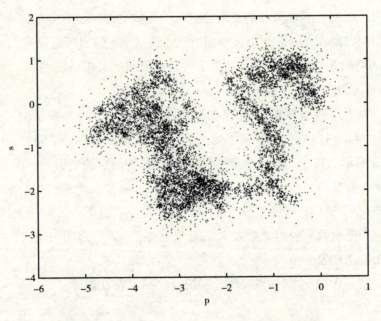

图 6 - 2　转换坐标系（p，s）中的混沌吸引子相图

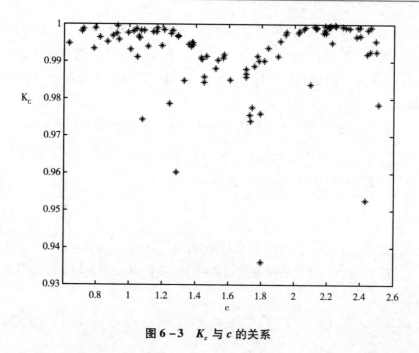

图 6 − 3 K_c 与 c 的关系

6.2 基于线性控制的离散协调同步理论

定义 6 − 1： 投影同步是指以一个指定的因子为比例，两个相关的混沌动态系统的差随着时间趋向无穷大而趋向于零。

定义 6 − 2： 协调同步是指一个系统按照某个比例同与其相关的混沌动态系统同步演化，此两个系统的差无限趋近于零。

考虑如下离散混沌动态系统：

$$x(t+1) = L(x(t)) + N(x(t)) + C \qquad (6-5)$$

其中，C 是一个 $n \times 1$ 的常数矩阵；$x = (x_1, x_2, \cdots, x_n)^T \in \mathbb{R}^n$ 系统（6 − 5）的 n 维状态向量；L，N：$\mathbb{R}^n \to \mathbb{R}^n$ 分别是线性和非线性状态函数。

对应于系统（6 − 5），我们可以构造如下离散动力系统：

$$y(t+1) = L(y(t)) + k(N(x(t)) + C) + u(t) \qquad (6-6)$$

其中，$y = (y_1, y_2, \cdots, y_n)^T \in \mathbb{R}^n$ 系统（6-6）的 n 维状态向量；k 是一个期望的比例因子；$u(t)$ 是一个线性状态误差反馈控制器。

定义主系统（6-5）和从系统（6-6）的同步误差如下：

$$e(t) = y(t) - kx(t), \quad i = 1, 2, \cdots, n \qquad (6-7)$$

定义线性状态误差反馈控制器 $u(t)$ 如下：

$$u(t) = \hat{A} e(t) \qquad (6-8)$$

其中，$\hat{A}$ 是一个 $n \times n$ 的常数矩阵。

用系统（6-5）去减系统（6-6），我们可以得到如下动态误差系统：

$$e(t+1) = y(t+1) - kx(t+1) = Le(t) + u(t) = Ae(t) \qquad (6-9)$$

其中，$A = L + \hat{A}$ 是一个 $n \times n$ 的常数矩阵。显然原点是系统（6-9）的均衡点。

运用线性离散动力系统的稳定性理论，我们可以直接得到如下定理：

定理 6-1：如果 A 是一个上（或者下）三角矩阵，并且所有特征值都满足如下条件：$|\lambda_i|$，$|\lambda_2|$，$\cdots$，$|\lambda_n| < 1$，那么同步误差系统 $e(t)$ 的不动点是渐近稳定的，并且 $\lim\limits_{t \to \infty} e(t) = 0$，系统（6-5）和系统（6-6）实现了投影同步。

6.3 灌区间水价动态演化的协调同步研究

6.3.1 灌区间水价动态演化的协调同步方案

为了分析主从系统的投影同步行为，我们可以将系统（6-4）

视为主系统，然后构造从系统用下标 s 标注，如下所示：

$$\begin{cases} x_s(t+1) = -y_s(t) + kax^2(t) + u_1(t) \\ y_s(t+1) = -bx_s(t) + \hat{c}\,y_s(t) - z_s(t) - kx(t)z(t) + u_2(t) \\ z_s(t+1) = -dz_s(t) + kx(t)y(t) + u_3(t) \end{cases}$$

$$(6-10)$$

其中，x_s，y_s，$z_s \in \mathbb{R}$ 与系统（6-4）中的含义相同，k 是一个预期的比例因子，u_1，u_2，u_3 是线性状态误差反馈控制器。

命题6-1：如果下面的控制律（6-11）或者控制律（6-12）中的任何一个成立，那么不管上述主系统（6-4）和从系统（6-10）的初始条件是什么样的，它们都会最终实现全局同步。

$$\text{第一控制律：} \begin{cases} u_1 = h_1(x_s - kx) \\ u_2 = b(x_s - kx) + h_2(y_s - ky) \\ u_3 = h_3(z_s - kz) \end{cases} \quad (6-11)$$

和

$$\text{第二控制律：} \begin{cases} u_1 = h_1(x_s - kx) + (y_s - ky) \\ u_2 = h_2(y_s - ky) + (z_s - kz) \\ u_3 = h_3(z_s - kz) \end{cases} \quad (6-12)$$

其中，$|h_1| < 1$，$|h_2 + \hat{c}| < 1$，$|h_3 - d| < 1$。

证明：我们可以定义主系统（6-4）和从系统（6-10）的同步误差如下：

$$\begin{cases} e_1 = x_s - kx, \\ e_2 = y_s - ky, \\ e_3 = z_s - kz_\circ \end{cases}$$

用从系统（6-10）去减主系统（6-4），我们可以得到如下结果：

$$\begin{cases} e_1(t+1) = -e_2(t) + u_1(t) \\ e_2(t+1) = -be_1(t) + \hat{c}e_2(t) - e_3(t) + u_2(t) \\ e_3(t+1) = -de_3(t) + u_3(t) \end{cases} \quad (6-13)$$

情形 1：命题 6-1 中的第一控制律

我们将第一控制律方程（6-11）代入误差系统（6-13）之中，得到如下误差系统：

$$\begin{cases} e_1(t+1) = h_1 e_1(t) - e_2(t) \\ e_2(t+1) = (h_2 + \hat{c}) e_2(t) - e_3(t) \\ e_3(t+1) = (h_3 - d) e_3(t) \end{cases} \quad (6-14)$$

上述系统存在唯一的不动点 $E^* = (0, 0, 0)$。让 Jacobian 矩阵取值在 E^*，我们便可以得到下述上三角矩阵：

$$J(E^*) = \begin{pmatrix} h_1 & -1 & 0 \\ 0 & h_2 + \hat{c} & -1 \\ 0 & 0 & h_3 - d \end{pmatrix} \quad (6-15)$$

上述矩阵同时满足如下条件：$\lambda_1 = |h_1| < 1$，$\lambda_2 = |h_2 + \hat{c}| < 1$ 和 $\lambda_3 = |h_3 - d| < 1$。

情形 2：命题 6-1 中的第二控制律

我们将第二控制律方程（6-12）代入误差系统（6-13）之中，得到如下误差系统：

$$\begin{cases} e_1(t+1) = h_1 e_1(t) \\ e_2(t+1) = -be_1(t) + (h_2 + \hat{c}) e_2(t) \\ e_3(t+1) = (h_3 - d) e_3(t) \end{cases} \quad (6-16)$$

上述系统存在唯一的不动点 $E^* = (0,0,0)$。让 Jacobian 矩阵取值在 E^*，我们便可以得到下述下三角矩阵：

$$J(E^*) = \begin{pmatrix} h_1 & 0 & 0 \\ -b & h_2 + \hat{c} & 0 \\ 0 & 0 & h_3 - d \end{pmatrix} \qquad (6-17)$$

上述矩阵也同时满足如下条件: $\lambda_1 = |h_1| < 1$, $\lambda_2 = |h_2 + \hat{c}| < 1$ 和 $\lambda_3 = |h_3 - d| < 1$。

根据定理 6 – 1 可知，我们可以发现误差系统（6 – 13）是渐近稳定的，即主系统（6 – 4）和从系统（6 – 10）都会最终实现投影同步。

这样，命题 6 – 1 证毕。

6.3.2 数值模拟

为了便于我们验证上述投影同步方案的有效性，我们可以将主系统（6 – 4）和从系统（6 – 10）的参数设置如下：

$a = 0.4, b = 0.34, \hat{c} = 0.62, d = 1.14, k = 0.5, h_1 = 0.3, h_2 = 0.2, h_3 = 1$;

设置初始值如下：

$x(0) = 0.3, y(0) = 0.2, z(0) = 0.1, x_s(0) = -0.3, y_s(0) = -0.2, z_s(0) = 0.3$。

（1）第一控制律方程。

根据第一控制律方程（6 – 11），我们设置线性控制器如下所示：

$$\begin{cases} u_1 = 0.3 \ (x_s - 0.5x), \\ u_2 = 0.34 \ (x_s - 0.5x) \ + 0.2 \ (y_s - 0.5y), \\ u_3 = z_s - 0.5z。 \end{cases}$$

在图 6 – 4 中，大的和小的两个相图呈现为奇怪吸引子，即都是混沌吸引子分别属于主系统和从系统，而且大混沌吸引子是小混沌吸引子的两倍，即期望比例因子 $k = 0.5$。

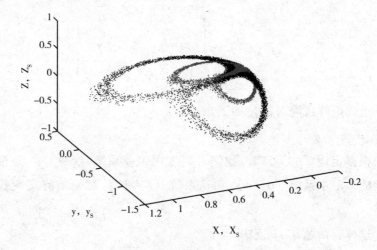

图6-4 主系统（6-4）和从系统（6-10）中的混沌吸引子

图6-5表明，主系统（6-4）和从系统（6-10）的同步误差 e_1，e_2 和 e_3 只是在开始时有轻微的上下波动，随后马上就向零收敛，并且保持渐近稳定的状态。

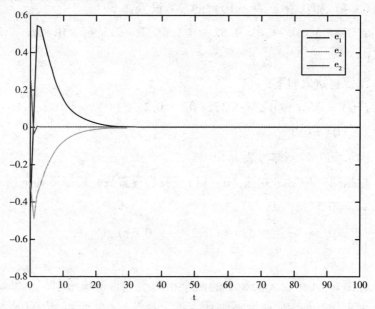

图6-5 主系统（6-4）和从系统（6-10）之间的误差

图 6 - 6、图 6 - 7 和图 6 - 8 分别显示了主系统（6 - 4）和从系统（6 - 10）的时间序列 x，x_s，y，y_s，z 和 z_s。非常明显的是，上述主从系统的时间序列对是按照 $k = 0.5$ 成比例地演化的。

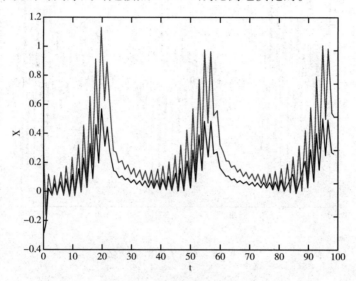

图 6 - 6　x 和 x_s 的时间演化

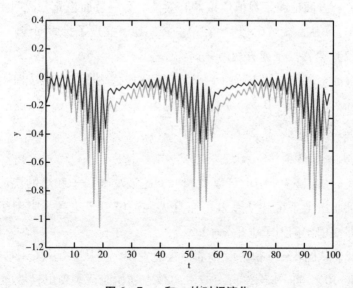

图 6 - 7　y 和 y_s 的时间演化

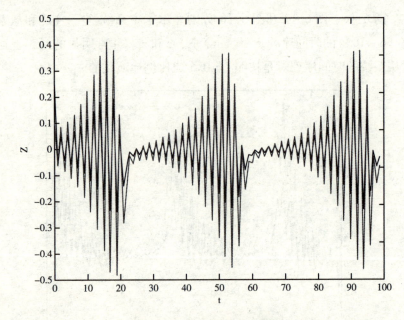

图 6 - 8　z 和 z_s 的时间演化

总之，图 6 - 4、图 6 - 5、图 6 - 6、图 6 - 7 和图 6 - 8 是相互印证的，一方面证明了数值模拟的有效性，另一方面也充分说明主系统（6 - 4）和从系统（6 - 10）在第一控制律下实现了投影同步。

（2）第二控制律方程。

根据第二控制律方程（6 - 12），我们设置线性控制器如下所示：

$$\begin{cases} u_1 = 0.3(x_s - 0.5x) + (y_s - 0.5y), \\ u_2 = 0.2(y_s - 0.5y) + (z_s - 0.5z), \\ u_3 = z_s - 0.5z_{\circ} \end{cases}$$

我们从图 6 - 9 中也可以发现，大的混沌吸引子和小的混沌吸引子分别属于主系统和从系统，而且大混沌吸引子也是小吸引子的两倍，即期望比例因子也是 $k = 0.5$。

我们从图 6 - 10 也可以非常容易地发现，主从系统（6 - 4）和系统（6 - 10）的同步误差 e_1，e_2 和 e_3 仅在初始阶段表现出轻微的波动，但此后就迅速地收敛于零，并保持无穷渐近稳定状态，即上述两个系统

（6-4）和系统（6-10）很快地随时间向前按比例地协调同步演化。

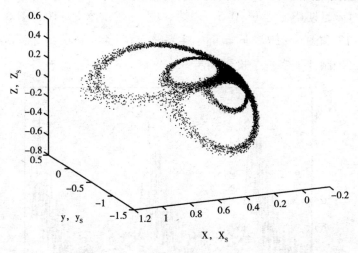

图 6-9　主系统（6-4）和从系统（6-10）中的混沌吸引子相图

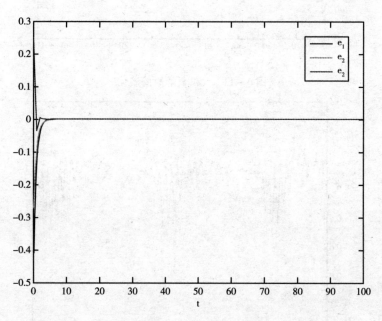

图 6-10　主系统（6-4）和从系统（6-10）之间的误差

演化时间序列 x，x_s，y，y_s，z 和 z_s 分别显示在图 6-11、图

6 – 12和图6 – 13中，并且主系统（6 – 4）和从系统（6 – 10）的时间序列对满足期望比例 $k = 0.5$。总之，图 6 – 9、图 6 – 10、图 6 – 11、图 6 – 12 和图 6 – 13 共同印证了主系统（6 – 4）和从系统（6 – 10）在第二控制律下实现了投影同步。

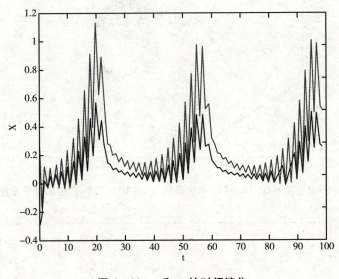

图 6 – 11　x 和 x$_s$ 的时间演化

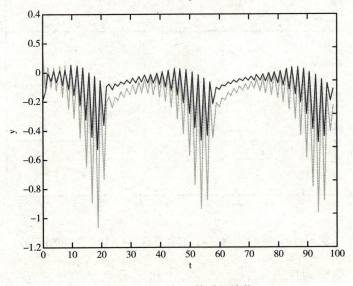

图 6 – 12　y 和 y$_s$ 的时间演化

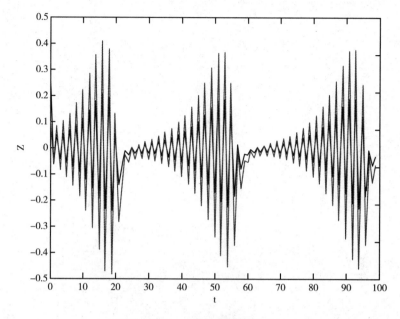

图 6 – 13　z 和 z_s 的时间演化

6.4　本章小结

　　为了研究基于生态响应的两个水价动态演化系统的协调同步问题，本部分首先构建了一个考虑生态响应的离散水价动态演化系统，其次设计了一个基于线性状态误差控制的离散动态系统的投影同步方案，再次将投影同步方案应用到上述两个水价动态演化系统的协调同步研究之中，最后用数值模拟的方法验证了本部分所提出的投影同步协调方案的有效性。

第7章 总结与展望

生态文明是对物质文明、精神文明和政治文明的整合与超越，强调生态效益、社会效益和经济效益的协调统一与可持续发展。[275] 我国灌溉用水总体上具有总量高、效率低、浪费严重、节水潜力大等特点，而且多数沿海灌区是海水资源丰富而淡水资源缺乏。因而，在沿海灌区，以生态文明为导向优化水价，促进生态效益、社会效益和经济效益的协调发展。由于我国水价构成不合理，不能充分反映水资源的稀缺性和环境治理成本[217]，因此，沿海灌区的不同水源的供水组合的成本构成和价格形成存在较大差异，客观上需要重新优化水价体系，以有利于激励利益相关者节水、治污和开源，有利于合理配置水资源、提高用水效率，有利于实现生态、社会和经济三大效益协调统一的总用水效益最优，有利于促进沿海灌区生态环境和经济社会的协调发展，是应对水危机的一项重要措施，也是我国当前的一个重要研究课题。

7.1　本书总述

本书共分七章，主要内容安排如下：

第1章为绪论。

阐述了本书的研究背景和研究现状，提出了所要研究的问题，指出本书研究的理论意义与实践意义，并对本书的研究思路与结构安排进行了说明，归纳出本书的主要研究方法。

第2章梳理了本书的研究理论基础。

简要介绍了（1）沿海灌区水资源的供给和需求弹性测算；（2）不同水源直接成本与外部成本的测算；（3）农户用水成本、收益及其承受能力分析；（4）水权和排污权的交易成本与收益分析；（5）用水的生态补偿机制设计与量化分析；（6）用水的经济效益、社会效益和生态效益的测度。

第 3 章研究沿海灌区水价动态博弈演化的复杂性。

三供水寡头的水价博弈演化非常复杂,稳定性结构分析并不容易,并表现出余二维分析现象和混沌现象。因而,在研究动态的水价博弈优化问题会显得难度较大,需要根据实际情况简化模型。

第 4 章研究生态文明导向的沿海灌区水价优化模型建模及其解法。

将生态文明导向的沿海灌区水价优化问题归结为的一个三层次多目标规划问题,即实现生态效益、社会效益和经济效益三个层次顺次实现优化,构建多目标三层次优化模型,并运用模糊数学理论给出了此模型基于整体满意度最优的解法。

第 5 章研究一个沿海灌区—垦利灌区生态文明导向的水价优化实例。

以垦利灌区为研究对象,运用第 4 章所构建的生态文明导向的多目标三层水价优化模型,处理实际数据,求得其水价优化方案,对垦利灌区以及其他沿海灌区生态文明导向的水价改革会有指导意义。

第 6 章研究基于生态响应的灌区间水价动态演化的协调同步问题。

本部分首先构建了一个考虑生态响应的离散水价动态演化模型,并设计了一个基于线性状态误差控制的投影同步方案,实现了两个水价动态演化系统的协调同步。

7.2　有待进一步研究的问题

(1)生态文明是对物质文明、精神文明和政治文明的整合与超越,本书为了便于量化处理,仅用生态效益、社会效益和经济效益代替生态文明的目标。随着测度指标处理技术的提高和对生态文明理解的深入,我们将会不断完善生态文明测度的方法和技术。

（2）本书所研究的生态文明导向的沿海灌区水价优化模型非常复杂，是多层次多目标非线性动态规划模型，不仅不存在精确解而且其数值解的求解都非常困难，是确定的 NP 难题。为了能够实现精度更高速度更快地求解这类问题，一方面需要完善建模技术，尽量用线性单层次单目标静态建模的方法来避开或者转换非线性多层次多目标动态建模问题，从源头上降低模型的求解难度；另一方面是设计高效高精度的数值求解方法，特别是定性分析与数值求解相结合的方法，尽量增加问题的可控性。

（3）复杂系统的动态优化与演化问题，一直是此领域的难点，也是热点问题，因为这类建模方法较为简单但后期处理非常困难。因而，我们需要发展一些近似甚至等价转换理论，将上述复杂问题简化处理。

（4）实例分析与政策建议问题。本书的研究一直受数据准确性、情景完备性和模型可靠性、政策建议针对性和有效性等问题的困扰。我们一方面需要深入实践中去多接触相关人员，更加准确地把握问题；另一方面要加强从问题到数学模型和从模型结果到政策建议的转换与把握能力。

译名对照表

A

Abu Zeid	赛义德
Ariel	阿里尔

B

Baker	贝克
Bard	巴德
Baron	巴伦
Ben-Ayed	班－阿耶德
Berbel	巴贝尔
Bialas	比亚瓦斯
Blair	布莱尔

C

Candler	坎德勒
Carey	凯里
Carroll	卡罗尔
Chambouleyron	尚布莱龙
Christoff	克利斯多夫
Chung	钟

Clifford	克利福德
Cobb	柯布
Colby	科尔比
Cornish	科尼什

D

Dandy	丹迪
Dinar	第纳尔
Dixit	迪克西特
Duvallet	迪瓦莱

E

El Naboulsi	埃尔内伯斯

F

Feitelso	菲特索
Fujisaka	藤阪

G

Gallagher	加拉赫
Gkonis	科尼斯

H		Lyapunov	李亚普诺夫
Hajer	哈杰尔	**M**	
Hirshleifer	赫什雷弗	Mainieri	麦亚尼耶瑞
Horn	合恩	Majd	麦吉德
Hotelling	霍特林	Mann	曼恩
I		Manning	曼宁
Ioslovich	埃欧斯罗未克	Marsh	马什
J		Mol	莫尔
Jaber	贾贝尔	Molle	莫尔利
Jacobian	雅可比	Moor	摩尔
Janicke	贾尼克	Myerson	迈尔森
Johanson	约翰逊	**N**	
John Cobb	约翰·柯布	Narayanna	奈罗耶娜
Jonathan	乔纳森	Nieswiadomy	妮斯娃朵米
K		**O**	
Kawan	卡伦	Odibat	奥蒂巴特
Kim	吉姆	Olmstead	奥姆斯特德
Knapp	纳普	Osmana	奥斯曼纳
Kuznetsov	库兹涅佐夫	**P**	
L		Panayotou	潘纳约托
Latinopoulos	拉丁那普洛斯	Pareto	帕累托
Letcher	莱彻	Pecora	科拉
Loucks	洛克斯	Pennacchio	班纳其奥
Lundqvist	隆奎斯特	Perry	佩里

Potter	波特	**T**	
Psaraftis	萨拉弗蒂斯	Takagi-Sugeno	高木关野
Pulido-Velázquez	普利多－沃拉兹克兹	Tchebycheff	切比雪夫
R		Teerink	特林克
Raftelis	拉夫特里斯	Townsley	汤斯利
Ramsey	拉姆齐	Tsur	楚尔
Rehacek	左投里哈杰	**V**	
Riordan	里奥丹	Vasegh	瓦兹咖
Rosegrant	罗斯格兰特	**W**	
Roseta-Palma	罗塞达－帕玛	Ward	沃德
S		Wolinsky	沃林斯基
Sanuders	桑德斯	**Y**	
Schilling	希林	Yamada	山田
Schleyer	施莱尔	**Z**	
Schoups	斯乔布斯	Zagonari	萨格纳里
Spaargaren	斯巴加伦	Zarnikau	藏尼克
Sugawara	菅原		

参 考 文 献

［1］应玉飞，郑铣鑫，吴梁．中国沿海地区水资源及生态环境持续利用战略［J］．环境科学进展，1999，(3)：131－138.

［2］Jänicke M. Preventive environmental policy as ecological modernisation and structural policy［M］．IIUG，1985.

［3］Hajer MA. The politics of environmental discourse：Ecological modernization and the policy process［J］．Social Forces，1997，23 (97)：245－248.

［4］Christoff P. Ecological modernisation，ecological modernities［J］．Environmental Politics，1996，5 (3)：476－500.

［5］Spaargaren G，Vliet，B. JM. Lifestyles，consumption and the environment：The ecological modernisation of domestic consumption［J］．Environmental Politics，2000，9 (1)：50－77.

［6］Mol AP，Spaargaren G. Ecological modernisation theory in debate：A review［J］．Environmental politics，2000，9 (1)：17－49.

［7］Lundqvist LJ. Capacity-building or social construction? Explaining sweden's shift towards ecological modernisation［J］．Geoforum，2000，31 (1)：21－32.

［8］Baker S. Sustainable development as symbolic commitment：Declaratory politics and the seductive appeal of ecological modernisation in the european union［J］．Environmental Politics，2007，16 (2)：297－317.

［9］ Daly HE, Cobb JB, Cobb CW. For the common good: Redirecting the economy toward community, the environment, and a sustainable future ［M］. Beacon Press, 1994.

［10］ Cobb CW, Cobb JB. The green national product: A proposed index of sustainable economic welfare ［M］. Lanham: University Press of America, 1994.

［11］ 申曙光. 生态文明及其理论与现实基础 ［J］. 北京大学学报: 哲学社会科学版, 1994, (3): 31 – 37.

［12］ 白光润. 论生态文化与生态文明 ［J］. 人文地理, 2003, (2): 75 – 78.

［13］ 任恢忠, 刘月生, 政法系, 等. 生态文明论纲 ［J］. 河池师专学报: 社会科学版, 2004, (1): 82 – 85.

［14］ 廖才茂. 论生态文明的基本特征 ［J］. 当代财经, 2004, (9): 10 – 14.

［15］ 李鹏鸽. 简论生态文明 ［J］. 成都教育学院学报, 2006, (11): 5 – 7.

［16］ 马桂新. 环境教育学 ［M］. 科学出版社, 2007.

［17］ 郇庆治. 包容互鉴: 全球视野下的社会主义生态文明 ［J］. 当代世界与社会主义, 2013, (2): 14 – 22.

［18］ 王灿发. 论生态文明建设法律保障体系的构建 ［J］. 中国法学, 2014, (3): 34 – 53.

［19］ 张孝德. 资源环境约束下大国工业化的困境与文明模式的创新——"成本外化工业文明"的反思与生态文明建设思考 ［J］. 甘肃社会科学, 2008, (6): 38 – 41.

［20］ 廖福霖. 关于生态文明及其消费观的几个问题 ［J］. 福建师范大学学报: 哲学社会科学版, 2009, (1): 11 – 16.

［21］ 成金华. 自然资源管理: 建设生态文明的基本任务. 光明日报, 2011 – 08 – 20.

[22] 张彦英，樊笑英. 论生态文明时代的资源环境价值 [J].
自然辩证法研究，2011，(8)：61－64.

[23] 李臻谛，罗郧. 面向生态文明的自然资源综合评价体系
[J]. 地质通报，2011，(10)：1614－1618.

[24] 余达锦. 基于生态文明的鄱阳湖生态经济区新型城镇化发
展研究 [D]. 南昌大学，2010.

[25] 杜宇，刘俊昌. 生态文明建设评价指标体系研究 [J]. 科
学管理研究，2009，27 (3)：60－63.

[26] 樊新中. 基于生态文明理念的水能资源开发政策研究
[J]. 中国水利，2011，(10)：56－58.

[27] 杨怡. 基于生态文明导向下的我国生态税制框架构建
[D]. 中央民族大学，2011.

[28] 徐晓鹏. 基于可持续发展的水资源定价研究 [D]. 大连
理工大学，2003.

[29] 王旗. 基于可持续发展观的水资源定价方法研究 [D].
西南师范大学，2005.

[30] 沈大军. 水价理论与实践 [M]. 科学出版社，1999.

[31] 陈小林. 水资源定价：外部性视角与一个优化定价模型
[J]. 水利发展研究，2010，10 (5)：26－29.

[32] 司训练，陈金贤. 水资源层次定价模型的建立 [J]. 管理
工程学报，2006，20 (3)：74－77.

[33] Tsur Y, Dinar A. Efficiency and equity considerations in pri-
cing and allocating irrigation water [R]. The World Bank, 1995.

[34] 刘成刚. 水资源定价的影子价格模型 [J]. 水利发展研
究，2005，5 (2)：20－21.

[35] Raftelis G, VanDusen J. Factors affecting water and
wastewater rates [J]. Public Works, 1988, 118 (2)：61－62.

[36] Potter J. Dilemmas in water and wastewater pricing：Case study

of bangkok, thailand［D］. MIT, 1994.

［37］方燕，张昕竹. 递增阶梯定价：一个综述［J］. 经济评论，2011，(5)：130－138.

［38］王浩. 面向可持续发展的水价理论与实践［M］. 科学出版社，2003.

［39］张岳. 水利与国民经济发展［M］. 中国水利水电出版社，2006.

［40］汪恕诚. 水权转换是水资源优化配置的重要手段［J］. 水利规划与设计，2004，(3)：9－11.

［41］温桂芳. 关于建立科学的水价形成机制的思考［J］. 价格理论与实践，2003，(9)：14－16.

［42］傅涛等. 城市水价的定价目标，构成和原则［J］. 中国给水排水，2006，22 (6)：15－18.

［43］吴季松. 合理水价形成机制初探［J］. 中国水利，2001，(3)：17－19.

［44］中国环境与发展国际合作委员会. 中国自然资源定价研究［M］. 中国环境科学出版社，1997.

［45］Hotelling H. The general welfare in relation to problems of taxation and of railway and utility rates［J］. Econometrica：Journal of the Econometric Society, 1938：242－269.

［46］Hirshleifer J, De Haven JC, Milliman JW. Water supply：Economics, technology, and policy［M］. University of Chicago Press, 1963.

［47］Riordan C. General multistage marginal cost dynamic programing model for the optimization of a class of investment‐pricing decisions［J］. Water Resources Research, 1971, 7 (2)：245－253.

［48］Dandy G, McBean E, Hutchinson B. A model for constrained optimum water pricing and capacity expansion［J］. Water Resources Research, 1984, 20 (5): 511 – 520.

[49] Nieswiadomy ML. Estimating urban residential water demand: Effects of price structure, conservation, and education [J]. Water Resources Research, 1992, 28 (3): 609 – 615.

[50] Teerink JR, Nakashima M. Water allocation, rights, and pricing: Examples from japan and the united states. International Bank for Reconstruction and Development, Washington, DC (United States), 1993.

[51] Panaiotov T. Economic instruments for environmental management and sustainable development [M]. UNEP, 1994.

[52] Zarnikau J. Spot market pricing of water resources and efficient means of rationing water during scarcity (water pricing) [J]. Resource and energy economics, 1994, 16 (3): 189 – 210.

[53] Kim HY. Marginal cost and second – best pricing for water services [J]. Review of Industrial Organization, 1995, 10 (3): 323 – 338.

[54] Chambouleyron A. Optimal water metering and pricing [J]. Water Resources Management, 2003, 18 (4): 305 – 319 (315).

[55] Mann PC, Saunders RJ, Warford JJ. A note on capital indivisibility and the definition of marginal cost [J]. Water Resources Research, 1980, 16 (3): 602 – 604.

[56] Jaber B. Water availability in lebanon. Proceedings of the Workshop on Water Affairs in Lebanon and Peace-Process an Project Series of Lebanon Life Studies, 1993: 53 – 66.

[57] Feitelson E, Chenoweth J. Water poverty: Towards a meaningful indicator [J]. Water Policy, 2002, 4 (3): 263 – 281.

[58] 黄少宵, 陈剑熙. 基于可持续发展的水资源定价研究 [J]. 华侨大学学报: 哲学社会科学版, 1999, (S1): 78 – 86.

[59] 姜文来. 水资源价值论 [M]. 科学出版社, 1998.

［60］Rijsberman MA, Van De Ven FH. Different approaches to assessment of design and management of sustainable urban water systems ［J］. Environmental Impact Assessment Review, 2000, 20 （3）: 333 – 345.

［61］李永香. 关于水资源定价方法及模型的研究 ［D］. 山东大学, 2008.

［62］辛长爽, 金锐. 水资源价值及其确定方法研究 ［J］. 水资源与水工程学报, 2002, （4）: 1 – 2.

［63］黄智晖, 谷树忠. 水资源定价方法的比较研究 ［J］. 资源科学, 2002, 24 （3）: 14 – 18.

［64］冯尚友. 水资源持续利用与管理导论 ［M］. 科学出版社, 2000.

［65］Ioslovich I, Gutman P-O. A model for the global optimization of water prices and usage for the case of spatially distributed sources and consumers ［J］. Mathematics and Computers in Simulation, 2001, 56 （4）: 347 – 356.

［66］Elnaboulsi J. Nonlinear pricing and capacity planning for water and wastewater services ［J］. Water resources management, 2001, 15 （1）: 55 – 69.

［67］傅春, 胡振鹏. 水资源价值及其定量分析 ［J］. 资源科学, 1998, （6）: 1 – 7.

［68］甘泓, 秦长海, 汪林, 等. 水资源定价方法与实践研究 I: 水资源价值内涵浅析 ［J］. 水利学报, 2012, 43 （3）: 289 – 295.

［69］秦长海, 甘泓, 张小娟, 等. 水资源定价方法与实践研究 II: 海河流域水价探析 ［J］. 水利学报, 2012, 43 （4）: 429 – 436.

［70］姜文来. 水资源价值模型研究 ［J］. 资源科学, 1998, （1）: 35 – 43.

［71］顾圣平, 林汝颜, 刘红亮. 水资源模糊定价模型 ［J］. 水

利发展研究，2002，（2）：9 – 12.

　　［72］Taylor LD. The demand for electricity：A survey ［J］. The Bell Journal of Economics，1975：74 – 110.

　　［73］林家园. 对阶梯式计量水价的认识与思考 ［J］. 价格月刊，2005，（3）：42 – 44.

　　［74］李德生，潘鹰希，程国栋. 城市供水价格的确定及模型——以兰州市为例 ［J］. 水利经济，2008，（2）：33 – 36.

　　［75］顾晓红，叶佰英. 对阶梯式水价定价模式的探索 ［J］. 中国经贸导刊，2012，（14）：28 – 29.

　　［76］Abu-Zeid M. Water pricing in irrigated agriculture ［J］. International Journal of Water Resources Development，2001，17（4）：527 – 538.

　　［77］Johansson RC，Tsur Y，Roe TL，et al. Pricing irrigation water：A review of theory and practice ［J］. Water Policy，2002，4（2）：173 – 199.

　　［78］Latinopoulos P，Tziakas V，Mallios Z. Valuation of irrigation water by the hedonic price method：A case study in chalkidiki，greece ［J］. Water，Air and Soil Pollution：Focus，2004，4（4 – 5）：253 – 262.

　　［79］张雅君，杜晓亮，汪慧贞. 国外水价比较研究 ［J］. 给水排水，2008，（1）：118 – 122.

　　［80］Dinar A. The political economy of water pricing reforms ［M］. World Bank，2000.

　　［81］Cornish G，Bosworth B，Perry C，et al. Water charging in irrigated agriculture：An analysis of international experience ［M］. Food & Agriculture Org.，2004.

　　［82］李晶. 水权与水价 ［M］. 中国发展出版社，2003.

　　［83］Perry CJ. Charging for irrigation water：The issues and options， with a case study from iran ［M］. IWMI，2001.

［84］Colby BG，Crandall K，Bush DB. Water right transactions：Market values and price dispersion ［J］. Water Resources Research，1993，29（6）：1565 –1572.

［85］Schleyer RG. Chilean water policy：The role of water rights，institutions and markets ［J］. International Journal of Water Resources Development，1996，12（1）：33 –48.

［86］Pennacchio V. Price elasticity of water demand with respect to the design of water rates ［J］. Journal of the New England Water Works Association，1985，100（4）：442 –452.

［87］Ward FA，Young R，Lacewell RD，et al. Institutional adjustments for coping with prolonged and severe drought in the rio grande basin ［R］. Texas Water Resources Institute，2001.

［88］Moore MR，Gollehon NR，Carey MB. Multicrop production decisions in western irrigated agriculture：The role of water price ［J］. American Journal of Agricultural Economics，1994，76（4）：859 –874.

［89］Berbel J，Gómez-Limón JA. The impact of water-pricing policy in spain：An analysis of three irrigated areas ［J］. Agricultural Water Management，2000，43（2）：219 –238.

［90］Molle F. To price or not to price? Thailand and the stigma of "free water" ［C］. Irrigation water policies：macro and micro considerations，Agadir，2002：15 –17.

［91］薛国英. 农业水价改革是促进节水农业发展的动力 ［J］. 农村实用科技信息，2009，（2）：63 –63.

［92］李远华，刘丽艳，闫冠宇. 改革农业水费管理促进农业节水 ［J］. 中国水利，2003，（13）：55 –58.

［93］廖永松. 农业水价改革的问题与出路 ［J］. 中国农村水利水电，2004，（3）：74 –76.

[94] 王建平等. 内蒙古农业水价改革研究 [J]. 安徽农业科学, 2011, (32): 19950-19953.

[95] 王冠军. 农业水价改革面临新形势 [J]. 水利发展研究, 2010, (12): 8-9.

[96] 孙梅英, 王福田, 王玉坤. 农业灌溉水费计收与补贴并举的探讨 [J]. 中国水利, 2010, (22): 66-67.

[97] 汪国平. 农业水价改革的利益相关者博弈分析 [J]. 科技通报, 2011, (4): 621-624.

[98] 姚玲, 陈协清. 浅谈湖北省农业水价改革 [J]. 水利经济, 2003, (3): 47-64.

[99] 张嘉涛, 游益华. 江苏省水价改革的探索与实践 [J]. 水利发展研究, 2003, (3): 33-35.

[100] 刘岚. 湖南省农业水价改革的探讨 [J]. 湖南水利水电, 2003, (3): 46-47.

[101] 冯治良. 甘肃省水价改革初探 [J]. 水利经济, 2005, (2): 24-26.

[102] 赵连阁. 灌区水价提升的经济、社会和环境效果——基于辽宁省的分析 [J]. 中国农村经济, 2006, (12): 37-44.

[103] 杨斌, 闫桦. 重庆市农业水价改革与农民承受能力实证研究 [J]. 安徽农业科学, 2007, (9): 2816-2818.

[104] 姜文来, 唐曲. 北京市水价改革研究 [J]. 水利经济, 2009, (3): 30-32.

[105] 刘伟忠. 天津市水价改革探讨 [J]. 水利经济, 2010, (28): 36-38.

[106] 马通宙. 汾河灌区水价综述及改革方向 [J]. 科技情报开发与经济, 2002, (6): 173-174.

[107] 郭巧玲, 冯起, 杨云松. 黑河中游灌区可持续发展水价研究 [J]. 人民黄河, 2007, 29 (12): 65-66.

[108] 周瑾成．景电高扬程灌区水价改革实践及思考［J］．中国水利，2007，(22)：54-55.

[109] 梅宁，安栋．东雷抽黄灌区水价改革探讨［J］．现代农业科技，2010，(8)：269-270.

[110] 宿宝江，张玉宏．木兰县香磨山灌区水价改革的再思考［J］．水利科技与经济，2010，(6)：621-622.

[111] 柴晓霞．靖会灌区水价改革的思路和建议［J］．甘肃农业，2014，(22)：42-43.

[112] 彭新育，王力．农业水资源的空间配置研究［J］．自然资源学报，1998，(3)：222-228.

[113] 郑通汉．可持续发展水价的理论分析——二论合理的水价形成机制［J］．中国水利，2002，(10)：38-42.

[114] 梁慧稳，王慧敏．经济自立灌排区最优水价模型［J］．怀化学院学报，2002，(2)：51-53.

[115] 张庆华，张殿德，张日峰，等．农民用水者协会水价核算与水费征收研究［J］．水利经济，2003，(4)：43-44.

[116] 喻玉清，罗金耀．可持续发展条件下的农业水价制定研究［J］．灌溉排水学报，2005，(24)：77-80.

[117] 徐得潜，张乐英，席鹏鸽．制定合理水价的方法研究［J］．中国农村水利水电，2006，(4)：83-84.

[118] 裴源生，方玲，罗琳．黄河流域农业需水价格弹性研究［J］．资源科学，2003，(6)：25-30.

[119] 苏永新．甘肃中部地区农业水价与用水量分析［J］．甘肃水利水电技术，2003，(3)：209-245.

[120] 畅明琦，刘俊萍．农业供水价格与需求关系分析［J］．水利发展研究，2005，(6)：21-24.

[121] 毛春梅．农业水价改革与节水效果的关系分析［J］．中国农村水利水电，2005，(4)：2-4.

［122］周春应，章仁俊．农业需水价格弹性分析模型［J］．节水灌溉，2005，（6）：24－26．

［123］姜文来，雷波．农业水价节水效应及其政策建议［J］．水利发展研究，2010，（10）：12－15．

［124］徐飘，陆迁．陕西泾惠渠灌溉区不同灌溉模式下农户承受的极限水价［J］．贵州农业科学，2014，（10）：288－291．

［125］Dandy GC，McBean EA，Hutchinson BG．Pricing and expansion of a water supply system［J］．Journal of Water Resources Planning and Management，1985，111（1）：24－42．

［126］Narayanan R，Beladi H，Hansen RD，et al．Feasibility of seasonal water pricing considering metering Costs［J］．Water Resources Bulletin，1987，23（6）：1091－1099．

［127］Olmstead SM，Hanemann WM，Stavins RN．Water demand under alternative price structures［J］．Journal of Environmental Economics and Management，2007，54（2）：181－198．

［128］张玲玲．水市场多水源非线性水价模型研究［D］．河海大学，2007．

［129］王松林，曹琳．基于对偶线性规划模型的影子水价计算［J］．安徽农业科学，2008，（16）：6607－6608．

［130］张嵘，吴静芳．基于扩展性线性支出理论的阶梯水价模型［J］．科学技术与工程，2009，（3）：641－645．

［131］孔珂，苗淑娟，金丽，等．大型调水工程两部制水价优化模型［J］．水利水电技术，2011，42（7）：71－74．

［132］孔珂，徐征和，田守岗．农村饮水安全工程阶梯水价优化设计［J］．中国农村水利水电，2011，（2）：112－114．

［133］司昱，李玉萍．基于 ramsey 模型的城镇水价定价方法研究［J］．哈尔滨商业大学学报：社会科学版，2010，（4）：107－110．

［134］徐鹤．南水北调工程受水区多水源水价研究［D］．中国

水利水电科学研究院，2013．

[135] 胡欢，戚昌青．基于非线性模型的农村饮水安全工程终端水价研究 [J]．项目管理技术，2014，(6)：33 – 37．

[136] Duvallet J, Garapin A, Hollard M, et al. A simulation model of the price bargaining rules in vertical relationships [J]. Computational Economics, 2004, 23 (2): 121 – 145.

[137] 周妍．水资源定价研究 [D]．天津大学，2007．

[138] 侯艳红，王慧敏．跨流域供水商间联合定价博弈模型研究 [J]．人民黄河，2008，30 (1)：47 – 48．

[139] 邵念荣．水价博弈、体系构建和计价模型的设计——基于饮水安全的视角 [J]．现代农业科技，2011，(16)：331 – 333．

[140] 钱兴成．基于博弈和改进 baron-myerson 模型的城市水价规制研究．哈尔滨工业大学，2013．

[141] Manning R, Gallagher D. Optimal water pricing and storage: The effect of discounting [J]. Water Resources Research, 1982, 18 (1): 65 – 70.

[142] 蔡守华，周明耀，岳金桂．城镇水厂最优水价模型 [J]．河海大学学报：自然科学版，2000，(4)：101 – 103．

[143] 陈小林．水资源定价：外部性视角与一个优化定价模型 [J]．水利发展研究，2010，(10)：26 – 29．

[144] 郭鹏，王敏，王莉芳．基于 DHGF 算法的水资源定价模型研究 [J]．环境保护科学，2012，(1)：45 – 49．

[145] 柴华奇，宋德强，罗淑娟．基于模糊评价分析的天津市水价模型应用研究 [J]．江西农业学报，2010，22 (10)：166 – 169．

[146] 郑德凤，臧正，孙才志，等．基于水资源耦合价值的绿色水价模型及其应用——以下辽河平原为例 [J]．自然资源学报，29 (7)：1235 – 1245．

［147］裴源生，方玲，罗琳．黄河流域农业需水价格弹性研究
［J］．资源科学，2003，6（6）：25－30．

［148］范英英，刘永，郭怀成，等．北京市水资源政策对水资源承载力的影响研究［J］．资源科学，205，5（5）：113－119．

［149］徐鹤．南水北调工程受水区多水源水价研究——以北京为例［D］．中国水利水电科学研究院，2013．

［150］冯雁敏，冯洁．市场经济中水资源全成本定价模式研究［J］．水力发电，2009，（8）：86－89．

［151］喻玉清．青年运河灌区农业水费改革研究［D］．武汉大学，2005．

［152］孙宁宁，郭晗，潘乐．两种条件价值评估水价承受能力研究的比较［J］．水力发电，2009，（8）：90－93．

［153］蔡春光等．单边界、双边界二分式条件价值评估方法的比较——以北京市空气污染对健康危害问卷调查为例［J］．中国环境科学，2007，（1）：39－43．

［154］褚琳琳．基于条件价值评估法的农民灌溉水价承受能力研究——以五岸灌区为例［D］．河海大学，2007．

［155］沈满洪．论水权交易与交易成本［J］．人民黄河，2004，（7）：19－22．

［156］胡宏伟，王瑞梅．农业非点源排污权交易分析与机制研究［J］．青海社会科学，2013，（2）：35－39．

［157］美文来．农业水价承载力研究［J］．中国水利，2003，（6）：41－43．

［158］李永根．节水水价制定理论与方法初探［J］．南水北调与水利科技，2004，（5）：40－41．

［159］关全力，朱美玲，唐数红，等．哈密市工农业用水经济效益研究［J］．人民黄河，2011，（7）：96－98．

［160］Merrey DJ，Meinzen-Dick R，Mollinga PP，et al. Policy

and institutional reform: The art of the possible. International Water Management Institute, 2007.

[161] Meinzen-Dick R. Beyond panaceas in water institutions [J] . Proceedings of the National Academy of Sciences of the United States of America, 2007, 104 (39): 15200 – 15205.

[162] Shaw W. Water resource economics and policy: An introdution [M] . Edward Elgar Publishing, 2007.

[163] Schoengold K. Irrigation water pricing: The gap between theory and practice by f. Molle; j. Berkoff [J] . American Journal of Agricultural Economics, 2010, (5): 1497 – 1498.

[164] Johansson RC, Tsur Y, Roe TL, et al. Pricing irrigation water: A review of theory and practice [J] . Water Policy, 2002, 4 (2): 173 – 199.

[165] Griffin RC. Water resource economics: The analysis of scarcity, policies, and projects [M] . The MIT Press, 2006.

[166] Xin B, Ma J, Gao Q. Complex dynamics of an adnascent-type game model [J] . Discrete Dynamics in Nature & Society, 2008 (2008), Article ID467972, 12 Pages.

[167] Puu T. Chaos in duopoly pricing [J] . Chaos Solitons & Fractals, 1991: 573 – 581.

[168] Haan WJD. The importance of the number of different agents in a heterogeneous asset-pricing model [J] . Computing in Economics & Finance, 2000, 25 (5): 721 – 746.

[169] Agiza HN, Elsadany AA. Nonlinear dynamics in the cournot duopoly game with heterogeneous players [J] . Physica A-statistical Mechanics & Its Applications, 2002, 320 (C): 512 – 524.

[170] Xin B, Chen T. On a master-slave bertrand game model [J] . Economic Modelling, 2011, 28 (4): 1864 – 1870.

[171] Bischi GI, Naimzada AK, Sbragia L. Oligopoly games with local monopolistic approximation [J]. Journal of Economic Behavior & Organization, 2004, 62 (3): 371 – 388.

[172] Elsadany AA. Competition analysis of a triopoly game with bounded rationality [J]. Chaos Solitons & Fractals, 2012, 45 (11): 1343 – 1348.

[173] Son YS, Baldick R, Lee K-H, et al. Short-term electricity market auction game analysis: Uniform and pay-as-bid pricing [J]. Power Systems, IEEE Transactions on, 2004, 19 (4): 1990 – 1998.

[174] Ji W. Chaos and control of game model based on heterogeneous expectations in electric power triopoly [J]. Discrete Dynamics in Nature & Society, 2009, 57 (2): 332 – 337.

[175] Skoulidas CC, Vournas CD, Papavassilopoulos GP. An adaptive learning game model for interacting electric power markets [J]. INFOR: Information Systems and Operational Research, 2010, 48 (4): 261 – 266.

[176] Mu L, Liu P, Li Y, et al. Complexity of a real estate game model with a nonlinear demand function [J]. International Journal of Bifurcation and Chaos, 2011, 21 (11): 3171 – 3179.

[177] Mu L, Ma J, Chen L. A 3-dimensional discrete model of housing price and its inherent complexity analysis [J]. Journal of Systems Science and Complexity, 2009, 22 (3): 415 – 421.

[178] Liu X, Liang X, Tang B. Minority game and anomalies in financial markets [J]. Physica A: Statistical Mechanics and its Applications, 2004, 333: 343 – 352.

[179] Gkonis KG, Psaraftis HN. The lng market: A game theoretic approach to competition in lng shipping [J]. Maritime Economics & Logistics, 2009, 11 (2): 227 – 246.

［180］Sun Z, Ma J. Complexity of triopoly price game in chinese cold rolled steel market ［J］. Nonlinear Dynamics, 2012, 67 (3): 2001 – 2008.

［181］Sugawara S, Omori Y. Duopoly in the japanese airline market: Bayesian estimation for the entry game ［J］. Japanese Economic Review, 2012, 63 (3): 310 – 332.

［182］Chung SH, Weaver RD, Friesz TL. Oligopolies in pollution permit markets: A dynamic game approach ［J］. International Journal of Production Economics, 2012, 140 (1): 48 – 56.

［183］Ma J, Zhang J. Price game and chaos control among three oligarchs with different rationalities in property insurance market ［J］. Chaos: An Interdisciplinary Journal of Nonlinear Science, 2012, 22 (4): 043120.

［184］Tramontana F, Elsadany AEA. Heterogeneous triopoly game with isoelastic demand function ［J］. Nonlinear Dynamics, 2012, 68 (1 – 2): 187 – 193.

［185］Kopel M. Simple and complex adjustment dynamics in cournot duopoly models ［J］. Chaos Solitons & Fractals, 1996, 7 (12): 2031 – 2048.

［186］Tramontana F, Gardini L, Puu T. Cournot duopoly when the competitors operate multiple production plants ［J］. Working Papers, 2008, 33 (1): 250 – 265.

［187］Tramontana F. Heterogeneous duopoly with isoelastic demand function ［J］. Economic Modelling, 2010, 27 (1): 350 – 357.

［188］Zhang J, Da Q, Wang Y. The dynamics of bertrand model with bounded rationality ［J］. Chaos Solitons & Fractals, 2009, 39 (5): 2048 – 2055.

［189］Du J-g, Huang T, Sheng Z. Analysis of decision-making in economic chaos control [J]. Nonlinear Analysis: Real World Applications, 2009, 10 (4): 2493 – 2501.

[190] Huang W. The long-run benefits of chaos to oligopolistic firms [J]. Journal of Economic Dynamics and Control, 2008, 32 (4): 1332 – 1355.

[191] Gottwald GA, Melbourne I. On the validity of the 0 – 1 test for chaos [J]. Nonlinearity, 2009, 22 (6): 1367 – 1382.

[192] Gottwald GA, Melbourne I. On the implementation of the 0 – 1 test for chaos [J]. SIAM Journal on Applied Dynamical Systems, 2009, 8 (1): 129 – 145.

[193] Dhooge A, Sautois B, Govaerts W, et al. Matcont: Matlab software for bifurcation study of dynamical systems [M]. Wiley-VCH, 2005.

[194] Govaerts W, Ghaziani RK. Numerical methods for two-parameter local bifurcation analysis of maps [J]. Siam Journal on Scientific Computing, 2007, 29 (6): 2644 – 2667.

[195] Govaerts, W. , Ghaziani K, et al. Stable cycles in a cournot duopoly model of kopel [J]. Journal of Computational & Applied Mathematics, 2008, 218 (2): 247 – 258.

[196] Ghaziani RK, Govaerts W, Sonck C. Resonance and bifurcation in a discrete-time predator-prey system with holling functional response [J]. Nonlinear Analysis: Real World Applications, 2012, 13 (3): 1451 – 1465.

[197] Khoshsiar Ghaziani R, Govaerts W, Sonck C. Codimension-two bifurcations of fixed points in a class of discrete prey-predator systems [J]. Discrete Dynamics in Nature and Society, 2011 (2011) Article ID 862494, 27 Pages.

[198] Bischi GI, Kopel M. Equilibrium selection in a nonlinear du-

opoly game with adaptive expectations [J]. Journal of Economic Behavior & Organization, 2001, 46 (1): 73 – 100.

[199] Lu Q. Bifurcation and singularity [J]. Shanghai: Shanghai Scientific and Technological Education Publishing House, 1995.

[200] Wen G. Criterion to identify hopf bifurcations in maps of arbitrary dimension [J]. Physical Review E Statistical Nonlinear & Soft Matter Physics, 2005, 72 (2): 026201 – 026201.

[201] Wen G, Xu D, Han X. On creation of hopf bifurcations in discrete-time nonlinear systems [J]. Chaos An Interdisciplinary Journal of Nonlinear Science, 2002, 12 (2): 350 – 355.

[202] Kuznetsov YA. Elements of applied bifurcation theory [J]. Applied mathematical sciences, 1998, 112 (1 – 591).

[203] Allgower EL, Georg K. Numerical continuation methods: an introduction [M]. Springer Science & Business Media, 2012.

[204] Wolf A, Swift JB, Swinney HL, et al. Determining lyapunov exponents from a time series [J]. Physica D: Nonlinear Phenomena, 1985, 16 (3): 285 – 317.

[205] Gottwald GA, Melbourne I. Comment on "reliability of the 0 – 1 test for chaos" [J]. Physical Review E, 2008, 77 (2): 028201.

[206] Falconer I, Gottwald GA, Melbourne I, et al. Application of the 0 – 1 test for chaos to experimental data [J]. Siam Journal on Applied Dynamical Systems, 2007, 6 (2): 395 – 402.

[207] Sun KH, Liu X, Zhu CX. The 0 – 1 test algorithm for chaos and its applications [J]. Chinese Physics B, 2010, 19 (11): 200 – 206.

[208] Yuan LG, Yang QG. A proof for the existence of chaos in diffusively coupled map lattices with open boundary conditions [J]. Discrete Dynamics in Nature & Society, 2011, 61 (2): 443 – 450.

［209］陈华，诸大建，邹丽．全球主要国家的二氧化碳排放空间研究——基于生态—公平—效率模型［J］．东北大学学报（社会科学版），2012，17（2）：119-124．

［210］Xin B，Li Y. Bifurcation and chaos in a price game of irrigation water in a coastal irrigation district［J］．Discrete Dynamics in Nature and Society，2013，2013（408904）．

［211］Letcher R，Jakeman A，Croke B. Model development for integrated assessment of water allocation options［J］．Water Resources Research，2004，40（5）．

［212］Rosegrant MW，Ringler C，McKinney DC，et al. Integrated economic - hydrologic water modeling at the basin scale：The maipo river basin［J］．Agricultural economics，2000，24（1）：33-46．

［213］Knapp KC，Weinberg M，Howitt R，et al. Water transfers，agriculture，and groundwater management：A dynamic economic analysis［J］．Journal of environmental management，2003，67（4）：291-301．

［214］Ward FA，Hurd BH，Rahmani T，et al. Economic impacts of federal policy responses to drought in the rio grande basin［J］．Water resources research，2006，42（3）：W03420．

［215］Ward FA，Pulido-Velázquez M. Efficiency，equity，and sustainability in a water quantity-quality optimization model in the rio grande basin［J］．Ecological Economics，2008，66（1）：23-37．

［216］Zagonari F. Sustainable，just，equal，and optimal groundwater management strategies to cope with climate change：Insights from brazil［J］．Water resources management，2010，24（13）：3731-3756．

［217］周望军．中国水资源及水价现状调研报告［J］．中国物价，2010，（3）：19-23．

［218］陈晓楠等．基于粒子群的大系统优化模型在灌区水资源

优化配置中的应用［J］. 农业工程学报，2008，24（3）：103-106.

［219］ Lai Y-J. Hierarchical optimization：A satisfactory solution ［J］. Fuzzy Sets and Systems, 1996, 77（3）：321-335.

［220］ Brundtland G, Khalid M, Agnelli S, et al. Our common future（brundtland report）. 1987.

［221］郭如才. 十六大以来党中央建设生态文明思想述略［J］. 党的文献，2010，（4）：85-90.

［222］张孝德. 资源环境约束下大国工业化的困境与文明模式的创新——"成本外化工业文明"的反思与生态文明建设思考［J］. 甘肃社会科学，2008，（6）：38-41.

［223］张彦英，樊笑英. 生态文明建设与资源环境承载力［J］. 中国国土资源经济，2011，24（4）：9-11.

［224］ Loucks DP. Sustainable water resources management ［J］. Water international, 2000, 25（1）：3-10.

［225］ Cai X, McKinney DC, Rosegrant MW. Sustainability analysis for irrigation water management in the aral sea region ［J］. Agricultural Systems, 2003, 76（3）：1043-1066.

［226］ Schoups G, Addams C, Minjares J, et al. Sustainable conjunctive water management in irrigated agriculture：Model formulation and application to the yaqui valley, mexico ［J］. Water Resour Res, 2006, （42）W10417.

［227］ Ward FA, Booker JF, Michelsen AM. Integrated economic, hydrologic, and institutional analysis of policy responses to mitigate drought impacts in rio grande basin ［J］. Journal of water resources planning and management, 2006, 132（6）：488-502.

［228］葛洪磊，刘南. 资源分配中的公平测度指标及其选择标准［J］. 统计与决策，2012，（9）：50-53.

［229］ Marsh MT, Schilling DA. Equity measurement in facility location analysis: A review and framework [J]. European Journal of Operational Research, 1994, 74 (1): 1–17.

[230] Ramjerdi F. An evaluation of the performances of equity measures [C]. Proceedings of the 45th ERSA Conference, 2005: 23–27.

[231] 肖灿, 田庆丰. 2008—2012 年河南省妇幼保健卫生资源配置公平性分析 [J]. 中国妇幼保健, 2014, 29 (26): 4197–4200.

[232] Roseta-Palma C. Joint quantity/quality management of groundwater [J]. Environmental and resource economics, 2003, 26 (1): 89–106.

[233] Ben-Ayed O, Blair CE. Computational difficulties of bilevel linear programming [J]. Operations Research, 1990, 38 (3): 556–560.

[234] Bialas WF, Karwan MH. Two-level linear programming [J]. Management science, 1984, 30 (8): 1004–1020.

[235] Bard JF. An investigation of the linear three level programming problem [J]. IEEE Transactions on, Systems, Man and Cybernetics, 1984, 14 (5): 711–717.

[236] Candler W, Townsley R. A linear two-level programming problem [J]. Computers & Operations Research, 1982, 9 (1): 59–76.

[237] 唐大宏, 陈琏. 多层决策问题算法的综述 [J]. 控制与决策, 1989, 4 (1): 49–56.

[238] Aiyoshi E, Shimizu K. A solution method for the static constrained stackelberg problem via penalty method [J]. Automatic Control, IEEE Transactions on, 1984, 29 (12): 1111–1114.

[239] 张国富, 蒋建国, 齐美彬, 等. 基于粒子群算法求解多层非线性规划问题 [J]. 模式识别与人工智能, 2007, 20 (6): 745–750.

［240］ Vicente LN, Calamai PH. Bilevel and multilevel programming: A bibliography review ［J］. Journal of Global optimization, 1994, 5 (3): 291 –306.

［241］ Liu B. Stackelberg-nash equilibrium for multilevel programming with multiple followers using genetic algorithms ［J］. Computers & Mathematics with Applications, 1998, 36 (7): 79 –89.

［242］ Li X, Tian P, Min X. A hierarchical particle swarm optimization for solving bilevel programming problems ［M］. Artificial intelligence and soft computing-icaisc 2006. Springer, 2006: 1169 –1178.

［243］ Chen Y-W, Tzeng G-H. Fuzzy multi-objective approach to the supply chain model ［M］. Multiple objective and goal programming. Springer, 2002: 221 –234.

［244］ Pramanik S, Roy TK. Fuzzy goal programming approach to multilevel programming problems ［J］. European Journal of Operational Research, 2007, 176 (2): 1151 –1166.

［245］ Sakawa M, Nishizaki I, Uemura Y. Interactive fuzzy programming for two-level linear and linear fractional production and assignment problems: A case study ［J］. European Journal of Operational Research, 2001, 135 (1): 142 –157.

［246］ 宋伟, 赵茂先, 王向荣. 求解多层线性规划的模糊规划法 ［J］. 运筹学学报, 2011, 15 (4): 85 –92.

［247］ Sinha S. Fuzzy programming approach to multi-level programming problems ［J］. Fuzzy Sets and Systems, 2003, 136 (2): 189 –202.

［248］ Osman M, Abo-Sinna MA, Amer AH, et al. A multi-level non-linear multi-objective decision-making under fuzziness ［J］. Applied Mathematics and Computation, 2004, 153 (1): 239 –252.

［249］ 李应, 杨善林. 基于多层规划的供应链合作谈判 ［J］. 系统工程理论与实践, 2008, 28 (11): 43 –50.

［250］Baky IA. Solving multi-level multi-objective linear programming problems through fuzzy goal programming approach［J］. Applied Mathematical Modelling, 2010, 34（9）: 2377 – 2387.

［251］Shih H-S, Lai Y-J, Lee ES. Fuzzy approach for multi-level programming problems［J］. Computers & Operations Research, 1996, 23（1）: 73 – 91.

［252］Abo-Sinna M. A bi-level non-linear multi-objective decision making under fuzziness［J］. Opsearch-New Delhi, 2001, 38（5）: 484 – 495.

［253］Lee ES, Shih H-S. Fuzzy and multi-level decision making: An interactive computational approach［M］. Springer Science & Business Media, 2012.

［254］Shi X, Xia H. Interactive bilevel multi-objective decision making［J］. Journal of the operational research society, 1997, 48（9）: 943 – 949.

［255］Sakawa M. Fuzzy sets and interactive multiobjective optimization［M］. Springer Science & Business Media, 2013.

［256］中华人民共和国东营市垦利县县政府. 关于加快现代农业发展若干扶持政策的意见［Z］. 2011.

［257］Xin B, Chen T, Ma J. Neimark-sacker bifurcation in a discrete-time financial system［J］. Discrete Dynamics in Nature and Society, 2010, 2010（405639）.

［258］Xin B, Ma J, Gao Q. The complexity of an investment competition dynamical model with imperfect information in a security market［J］. Chaos, Solitons & Fractals, 2009, 42（4）: 2425-2438.

［259］Xin B, Li Y. 0 – 1 test for chaos in a fractional order financial system with investment incentive［J］. Abstract & Applied Analysis, 2013, 2013（876298）.

［260］ Fujisaka H, Yamada T. Stability theory of synchronized motion in coupled-oscillator systems ［J］. Progress of Theoretical Physics, 1983, 69 (1): 32 – 47.

［261］ Pecora LM, Carroll TL. Synchronization in chaotic systems ［J］. Physical Review Letters, 1990, 64 (8): 821 – 824.

［262］ Mainieri R, Rehacek J. Projective synchronization in three-dimensional chaotic systems ［J］. Physical Review Letters, 1999, 82 (15): 3042 – 3045.

［263］ Wen G-L, Xu D. Observer-based control for full-state projective synchronization of a general class of chaotic maps in any dimension ［J］. Physics Letters A, 2004, 333 (5): 420-425.

［264］ Wen G, Xu D. Nonlinear observer control for full-state projective synchronization in chaotic continuous-time systems ［J］. Chaos Solitons & Fractals, 2005, 26 (1): 71 – 77.

［265］ Yin L, Yong C, Biao L. Adaptive control and function projective synchronization in 2d discrete-time chaotic systems ［J］. Communications in Theoretical Physics, 2009, 51 (2): 270.

［266］ Vasegh N, Majd VJ. Adaptive fuzzy synchronization of discrete-time chaotic systems ［J］. Chaos Solitons & Fractals, 2006, 28 (4): 1029 – 1036.

［267］ Zhang L, Jiang H, Bi Q. Reliable impulsive lag synchronization foraclass of nonlinear discrete chaotic systems ［J］. Nonlinear Dynamics, 2010, 59 (4): 529 – 534.

［268］ Longge Z, Xiangjie L. The synchronization between two discrete-time chaotic systems using active robust model predictive control ［J］. Nonlinear Dynamics, 2013, 74 (4): 905 – 910.

［269］ Odibat ZM, Corson N, Aziz-Alaoui M, et al. Synchronization of chaotic fractional-order systems via linear control ［J］. International Journal of Bifurcation and Chaos, 2010, 20 (1): 81 – 97.

[270] Chen D-Y, Shi L, Chen H-T, et al. Analysis and control of a hyperchaotic system with only one nonlinear term [J]. Nonlinear Dynamics, 2012, 67 (3): 1745 – 1752.

[271] Chen D, Zhang R, Sprott J, et al. Synchronization between integer-order chaotic systems and a class of fractional-order chaotic systems via sliding mode control [J]. Chaos: An Interdisciplinary Journal of Nonlinear Science, 2012, 22 (2): 023130.

[272] Xin B, Chen T, Liu Y. Projective synchronization of chaotic fractional-order energy resources demand-supply systems via linear control [J]. Communications in Nonlinear Science and Numerical Simulation, 2011, 16 (11): 4479 – 4486.

[273] Xin B, Chen T, Liu Y. Synchronization of chaotic fractional-order WINDMI systems via linear state error feedback control [J]. Mathematical Problems in Engineering, 2010, 2010 (859685).

[274] Xin B, Chen T. Projective synchronization of n-dimensional chaotic fractional-order systems via linear state error feedback control [J]. Discrete Dynamics in Nature and Society, 2012, 2012 (191063).

[275] 张建宇. 生态文明,文明的整合与超越. 2007 – 10 – 29.